「わたしの死を泣かないでください」

サッコ・ヴァンゼッティ冤罪事件

藤澤房俊
Fusatoshi Fujisawa

太陽出版

「わたしの死を泣かないでください」
――サッコ・ヴァンゼッティ冤罪事件

はじめに

イタリア人移民のニコーラ・サッコ（Nicola Sacco）とバルトロメーオ・ヴァンゼッティ（Bartolomeo Vanzetti）は、アメリカ合衆国マサチューセッツ州ボストンのチャールズタウン刑務所で、一九二七年八月二三日夜半、第一級殺人事件の犯人として電気椅子で死刑となった。罪状は強盗殺人であったが、それはイタリア人にたいする人種的差別と、アナーキストにたいする思想的な弾圧の冤罪であった。

表題の「わたしの死を泣かないでください」は、ヴァンゼッティが死刑執行直前に友人に宛てた手紙にある。かれは、「わたしは友達が泣くのを望まない。泣く代わりに全員が歌ってほしい」と記している。サッコも、息子ダンテに、「ダンテ、泣くのではないよ。わたしはもうたくさんの涙を流した。この七年間、お母さんもたくさんの涙を流した」と書き残している。

一九二〇年代前半のアメリカ社会には、ロシア革命で高まった「赤への恐怖」による思想的偏見と、マーノ・ネーラ（マフィア）の犯罪と低賃金で働くイタリア人移民にたいする民族差別が交錯する社会的ヒステリー現象が覆っていた。

そのアメリカ社会の濁流にサッコとヴァンゼッティは巻き込まれ、木の葉のように翻弄され、電気椅子で死刑となった。二人の、無辜のイタリア人が死刑となった、いわゆるサッコ・ヴァンゼッティ事件は、「アメリカのドレフュス事件」と呼ばれ、世紀のフレームアップとして、世界中で、もちろん日本でも大きな抗議運動を惹起した。

南イタリア出身のサッコと北イタリア出身のヴァンゼッティが、憧れの「自由の国」アメリカに到着したのは一九〇八年である。サッコはボストン、ヴァンゼッティはニューヨークからアメリカに入国した。サッコとヴァンゼッティの二人は見えない運命の糸で引き寄せられるように、組合運動を通じてボストンで知り合い、第一次世界大戦への徴兵を忌避してメキシコに逃れた。

大戦終結後にアメリカに戻った二人は、殺人容疑で逮捕され、鎖でつながれ、電気椅子で死刑になった。広い額、濃い口髭、高い鼻、鋭い目が特徴のヴァンゼッティと小柄で物静かなサッコの二人は不離一体のように手錠でつながれ、サッコ・ヴァンゼッティ事件と対で呼ばれることになる。二人の遺骨は一九二七年に一つの骨壺に入れられて、ムッソリーニの支配するイタリアへ一緒に戻った。

一九七一年に、ジュリアーノ・モンタルド監督は、サッコ・ヴァンゼッティ事件をあつかった映画『死刑台のメロディ』（イタリア題 Sacco e Vanzetti、イタリア・フランス合同制作）を制作した。サッコとヴァンゼッティの逮捕から、電気椅子に座るまでを忠実に描いたリアリズム映画の『死刑台のメロディ』では、ジャン・マリア・ヴォロンテがヴァンゼッティを、リカルド・クッチョラがサッコを演じている。フォーク歌手ジョーン・バエズがエンニオ・モリコーネ作曲の主題歌「ここに、あなたがいる」（Here's to you）を歌っている。

二人が電気椅子で処刑されてから五〇年後の一九七七年八月二三日、マサチューセッツ州知事デュカーキスは、サッコ・ヴァンゼッティ事件の裁判は公正ではなく、「あらゆる不名誉と

図版１　手錠で結ばれたネクタイ姿のヴァンゼッティと蝶ネクタイのサッコ

図版2　映画『死刑台のメロディ』

汚辱が、ニコーラ・サッコとバルトロメーオ・ヴァンゼッティと、その家族、その子孫から永久に取り除かれる」ことを宣言した。

本書は、Ⅰ章で二人のイタリア時代を、Ⅱ章で塗炭の苦しみを耐えたアメリカにおける二人の生活と労働運動への参加、逮捕までを述べている。Ⅲ章ではサッコ・ヴァンゼッティ事件の裁判記録をもとに、イタリア人にたいする民族的蔑視と裁判の欺瞞性を明らかにしている。Ⅳ章、Ⅴ章では、七年間の獄中生活で、主としてアメリカの支援者に向けた一〇〇通近い英語の書簡集『サッコとヴァンゼッティの手紙』（一九二八年）と、ヴァンゼッティが家族、とりわけ妹ルイジーナとやり取りした手紙などをまとめた書簡集――そのなかには、ヴァンゼッティがクーネオでお菓子職人として修業していた一九〇一年六月二六日に父親の「聖名祝日」にお祝いの品を送らなかったことを詫びる純朴な手紙から、死刑執行直前に友人、妹に書いた、苦悶の、しかし毅然としたものが含まれている――を中心に、ヴァンゼッティの「すべての人のために、正義と自由にささげた人生」の軌跡を追っている。Ⅵ章では、世界中で激発した抗議運動について、とくに日本における抗議運動については当時の新聞を史料に紹介している。

本書の目的は、サッコとヴァンゼッティがどのようにフレームアップされていくか、すなわち無実の二人のイタリア人が電気椅子で殺されるまでの過程を明らかにすることである。同時に、このサッコ・ヴァンゼッティ事件が遠いアメリカの過去のことがらではなく、わたしたちの身近に現存する人種差別や人種偏見と深くかかわるものであることを、考えるためでもある。

「わたしの死を泣かないでください」

――サッコ・ヴァンゼッティ冤罪事件

目次

I　二人のイタリアでの生活

ヴァンゼッティの少年時代

ヴァンゼッティは、北イタリアのピエモンテ州クーネオ県のアルプス山麓のヴィッラファレットで、父ジョヴァンニーニ・バッティスタ・ヴァンゼッティ、母ジョヴァンナ・ニヴェーロの長男として、一八八八年六月一一日に生まれた。当時のヴィッラファレットの人口は約三八〇〇人で、主要産業は農業と家畜の放牧であった。

ヴァンゼッティ家はわずかながら農地をもち、村の中心部に家を構え、小さなバールを経営していた。ヴァンゼッティは、六歳から一三歳まで村の小学校に通っている。かれは、自叙伝に、「勉強が好きで、卒業試験で一等賞を、カトリック教理問答では二等賞であった」と、自慢げに記している。

つねに弱者を優しく思いやるヴァンゼッティの資質は宗教心の厚い母親、家族愛の強い家庭で育まれた。ヴァンゼッティが小学校を終えると、父親は息子の手に職をつけさせるために、一九〇一年に近くの大きな町クーネオのお菓子屋で働かせた。ヴァンゼッティは、朝七時から夜の一〇時まで働き、一五日ごとに三時間の外出ができた。少年にとっては厳しい職場であった。

ヴァンゼッティは、そこで一年半ほど働いた後、トリーノ県の町カヴールの菓子屋に移り、三年ほど働いた。この時期、ヴァンゼッティは父親に「長いことわたしから手紙がなかったので、心配されていたでしょう」と述べ、元気にしているが、長時間の労働で、今の職場を「できるだけ早く辞めることを決めた」と記している。ヴァンゼッティは、一九〇五年に、かれにとっては大都市であったトリーノでキャンデー製造職人として働き始めた。

二〇世紀初頭のトリーノはイタリアの経済活動の中心地の一つで、冶金工、鉄道員、印刷工、皮革職人、菓子職人の組合が結成され、社会主義運動が活発であった。一九〇四年一二月には、トリーノの菓子職人一六〇人の組合がストライキをおこなっている。信仰心の厚いヴァンゼッティは、菓子屋で一緒に働く社会主義者の仲間からカトリックの「盲信者」、「頑固な信者」と言われ、喧嘩したと自叙伝で述べている。かれらは、エドモンド・デ・アミーチス（児童向け読み物『クオーレ』の著者で人道的社会主義者）に共鳴していた。「わたしも意味も分からないまま社会主義を望むようになり、社会主義者と信じるようになった」と述べている。この回顧からすると、ヴァンゼッティはトリーノで働いていた時期に社会主義思想の洗礼を受けたと思われるが、運動には参加していなかった。

イタリア社会の混乱

ヴァンゼッティがトリーノの菓子屋で働き始めたころ、イタリアは社会的・政治的に混乱していた。一八九二年に「イタリア勤労者党」（翌九三年にイタリア勤労者社会党に改名）が結成された。一九世紀末、北・中部イタリアでは小麦の凶作によるパン価格の高騰で食糧暴動が拡大し、ミラノの民衆暴動（一八九八年五月）で頂点に達した。政府は、ミラノ、フィレンツェ、ナポリで戒厳令を敷き、軍事力で民衆運動を鎮圧した。一八九四年に、農民・労働者を中心とする「シチリア・ファッシ」運動がシチリア島だけでなく、南イタリアにも波及し、これも軍事力で弾圧された。「シチリア・ファッシ」とは、シチリア島で職人・労働者・農民を中心として労働条件や小作契約の改善などを要求した運動である。

イタリア政府はイタリア勤労者社会党を非合法とし、社会主義者、アナーキストなどの組織三四八団体の解散を布告した。多くの社会主義者やアナーキストが逮捕され、シチリアの孤島などに強制居留指定、いわゆる流刑となった。一八九四年だけで三〇二一名がフランス、スイス、チュニスなどに亡命している。

トスカーナ出身のガエターノ・ブレーシは、若くしてアナーキストとなり、一八九二年にストライキに参加して有罪となり、一八九五年に強制居留指定となった。刑を終えたブレーシは、仕事を求めてアメリカに渡り、ニュージャージー州パターソンの織物工場で働きながら、アナーキズム運動を続けた。

パターソンで結婚し、安定した生活を送っていたブレーシは、突然にイタリアに戻り、一九〇〇年七月二九日、国王ウンベルト一世を暗殺した。国王ウンベルト一世は、モンツァの体育競技会の表彰式で、ブレーシによりピストルで三発撃たれて、死亡した。ブレーシは、ミラーノでパン価格の高騰に抗議するデモ行進の群衆に向かって射撃を命じたバヴァ・ベッカリス将軍を国王ウンベルト一世が称賛し、勲章を与えたことに怒り、アメリカから戻って国王暗殺を企てたと述べた。ヴァンゼッティがクーネオの菓子屋で働き始めたときのことであるが、残されたかれの手紙にはこの暗殺について何も記されていない。

トリーノで肋膜炎となったヴァンゼッティは、迎えに来た父親と一緒に実家に戻った。かれは、ヴィッラファレットの父親が経営するバールの椅子に座って新鮮な空気を吸い、獣医や薬剤師といった村の名士たちと、社会主義について話したことであろう。かれは、この時期が人生で「最も幸せな時」であった、と自叙伝に記している。

一九〇七年末に、最愛の母親がガンで亡くなった。かれは、その悲しみと、「牢獄のような小さな村」から逃れ、新しい可能性を求めて、アメリカ行きを決めた。この時期、イタリアでは、そしてヴィッラファレットでも移民は特別

図版3　ヴァンゼッティが家族に宛てた「ラ・プロヴァンス」号の絵ハガキ

なことではなく、多くが仕事を求めて、あるいは都会の生活に憧れてフランスやスイスに、そしてアメリカに向かっていた。父親も短期間であるが一八八一年にサンフランシスコで働いたことがあり、ヴィッラファレット出身の知人もいたことから、ヴァンゼッティも移民先としてアメリカを選んだ。かれは、一九〇八年六月九日、ヴィッラファレットを発ち、フランス北西部のル・アーヴル港から「ラ・プロヴァンス」号でアメリカに向かい、七日後にニューヨークに着いた。

サッコの少年時代

サッコは、長靴の形に形容されるイタリア半島のふくらはぎにあたるプーリア州フォッジァ県のトッレマッジョーレで、七人の子どもの三番目として、一八九一年四月二七日に生まれた。かれは、一九二一年六月一三日午後におこなわれたデダムでの裁判で弁護士の質問に、兄弟の数を「一七名」と答えている。おそらく、英語を十分に話せなかったサッコがセブン（七）とセブンティーン（一七）を間違って述べたか、速記のミスと思われる。サッコの兄弟は実際は七名で、四人は生まれてすぐに亡くなっている。

トッレマッジョーレは、オリーブ、小麦、ブドウを産する小さな村である。裁判におけるサッコの供述によれば、父ミケーレは、土地を購入し、ブドウ畑を拡張し、ブドウ酒やオリーブ油を販売し、収益をあげていた。サッコの家は裕福とは言えないが、村では貧しくはなかった。サッコは、故郷で過ごした少年時代について、デダム刑務所から支援者の一人であるジャック夫人に宛てた一九二四年二月二六日の手紙で回顧的に記している。

経済的にそれなりに恵まれた家庭であったが、同年代の子どもたちと同様に、小学校に通い始めたがすぐにやめて、読み書きができなかった。父と一緒にブドウ畑で動物の世話をしたりして一六歳まで過ごした。夜は兄と一緒に乾草の上で寝た。でも、農業は好きではなく、村の機械工場で働きたかった。軍隊に行っていた仲の良い兄が除隊で家に戻ってきた。かれはアメリカに憧れ、わたしも「自由の国」と呼ばれるアメリカに行くことになった。

サッコがアメリカに旅立つころのトッレマッジョーレでも、前述した「シチリア・ファッシ」運動の影響を受けて、農民の組合が結成され、一九〇七年一一月、日雇い農業労働者が賃上げを要求して地主と衝突し、四〇人近くが逮捕されていた。

アメリカに出発する前のサッコは明確な政治思想をもってはいなかった。かれは、「メランコリーな預言者で先導者」のジュゼッペ・マッツィーニの共和主義を信奉する父親の影響もあり、「自分のためではなく、他者のために生きなければならない」という主張に関心を抱いていた、と後に述べている。

かれは、義務教育の小学校を途中でやめていたので、イタリア語の読み書きができなかった。そこで必死にイタリア語を勉強して、アメリカに着いたときは読み書きができるようになっていたと述べている。

一九〇八年、サッコは兄サビーノとともにナポリで「プリンチペ・ディ・ピエモンテ」号に乗船し、六月一九日にボストンに上陸した。

Ⅱ 「自由の国」の現実

人種の坩堝のアメリカ

アメリカ史を専門とするイギリス人のマルドウィン・アレン・ジョーンズは『アメリカの移民』の冒頭で「移民はアメリカの歴史的レーゾンデートル（存在理由）である」と述べている。アメリカ移民で圧倒的に多かったのが、その歴史から、イギリス人であった。一七八〇年ごろ、アメリカ人の四人に三人は英国系あるいはアイルランド系であった。

時を経るに従って、英国以外の国からの移民が増大した。広大で豊かな、人口も少ないアメリカ合衆国には、一九世紀後半から、フランス、オランダ、ドイツ、スウェーデン、スペイン、ポルトガル、イタリアなどヨーロッパ各地からの移民が増えた。生まれ育った国を離れ、別の国に移動する移民の要因は、宗教的なもの、政治的なもの、経済的なものと多様である。

アメリカへの移民には二つの大きな波があった。一つは、北ヨーロッパからの「古い移民」と呼ばれるもので、専門職の労働者であった。古い移民は専門職者として歓迎され、アメリカの社会で受け入れられた。一九世紀の八〇年代に始まる第二の波は、ヨーロッパ南部・西部の農民からなる、非専門職の労働者であった。第二の波の移民は、生存のために低賃金で、劣悪な職場でも働いた。アメリカの汽車製造会社社長が一九〇七年に述べた言葉――「賃金を決めるのは需要と供給である。われわれは、安い労働力を市場で買う。かれらは、もし仕事に、労働時間に、賃金に不満があれば、やめる権利がある」——は、非熟練の移民労働者の境遇をそのまま物語っている。

二〇世紀に入ると、イタリアからのアメリカ大陸への移民は増え続けた。サッコとヴァンゼッティがアメリカ合衆国に着いた一九〇八年に、イタリア人移民の数は一二万人以上であった。多くのイタリア人移民が、サッコとヴァンゼッティと同様に、英語を満足に話すことができず、専門的な技術・知識を有していない、無技能・未熟練の単純労働者であった。

移民の増加に伴い、船会社は過当競争による船賃の値下げを補うために、定員以上の乗客を乗せた。前掲のデ・アミーチスが一八八六年に出版した児童小説『クオーレ』にある「母を訪ねて三千里」は、移民としてアルゼンチンに出稼ぎに出た母親を子どものマルコが探し当てるというものである。

デ・アミーチスは『クオーレ』を出版する二年前の一八八四年に、移民のルポルタージュである『大西洋上にて』を出版している。そのなかで、かれは、イタリア人移民たちが乗った「ガリレオ」号の模様を「移民というよりは流罪人のように打ちのめされた雰囲気である」と記している。

おぞましいのは三等室の光景である。ほとんどが船酔いにかかった移民は、乱雑に絡まっ

図版４　船上のイタリア移民

た、古びた大きな毛布の真んなかで病人あるいは死人のように雑魚寝して、汚れた顔と乱れた髪で椅子の上に横たわったものがいる。まさに身を寄せるところもない家族のように、あたかも打ち捨てられ、途方にくれ、肩を寄せ合っている。

最悪の光景は、船尾にある大部屋で、ハッチを開いて、なかを覗くと、薄く暗いところに、身体が折り重なっているのが見える。その光景は、まるで、貨物船で祖国へと運ばれる、中国人移民の亡骸のようだ。乗船したときの興奮を打ち消すように、地下病院のようなところから、うめき声、喘ぎ声、咳が一緒になって聞こえてくる。

イタリアからの移民は、船上の経験をはるかに上回る途炭の苦しみがアメリカで待ち受けていた。イタリア人移民は、アメリカ社会では蔑まれる存在であったが、生きるためにそれを甘受するしかなかった。

移民で構成されるアメリカ社会は、多様な人種、民族の文化が溶け合ったメルティングポット、「人種の坩堝」と言われた。一九六〇年代以降、少数民族、人種集団の権利の要求が高まり、それぞれが特徴をもつ文化の多様性を尊重し、調和する文化的多元主義をめざすものとして「サラダボール」と、アメリカ社会は呼ばれるようになる。

「人種の坩堝」、「サラダボール」と呼ばれたアメリカは、白人WhiteのW、アングロ・サクソン系Anglo-SaxonのAとS、キリスト教のプロテスタントProtestantのPを合成した、いわゆるワスプ（WASP）が専横的に支配する社会であった。そのなかで、カトリックの、貧しいイタリア人移民は、白人とも黒人とも異なるB級市民と見なされた。アメリカ社会には、改善されつつあるとは言え、圧倒的な支配階層のワスプによる貧しい移民労働者にたいする差別が、今も宿痾のようにはびこっている。

ボストンに着いたサッコ

一七歳のサッコは、兄サビーノと、一九〇八年六月一九日にボストンに着いた。多くのイタリア人移民は、アメリカに渡っていた同郷の親戚、友人を頼ることが多かった。サッコも、父の友人が住んでいるミルフォード（コネチカット州）のイタリア人経営の会社で使い走りとして働き始めた。

兄サビーノはアメリカの生活に耐えられず、間もなくイタリアに帰国したが、サッコは一九一〇年からは、靴職人として、ミルフォード靴工場、ライス・アンド・ハチンズ靴工場、スリー・ケイ製靴工場で働いた。サッコが靴職人として職を得たマサチューセッツ州ストートンは、ボストンから南に二〇キロ、プリマスの北西四〇キロに位置する工場の町である。サッコは一日一〇時間、一週間に六日働いた。靴職人としての腕は、ストートンのスリー・ケイ製靴会社の社長の証言でも確かなものであった。

賃金は週給で五〇ドルからしだいに上がった。一九一二年に、ピエモンテ出身のロジーナ・ザムベッリと結婚し、二人の子どもをもうけることになる。一人は男子でダンテ、もう一人はサッコが逮捕されて刑務所にいたときに生まれた女子でイネースである。

アメリカ到着時にほとんど英語を話せなかったサッコは、仕事の後に、移民のための夜間学校で英語を学んだ。かれは、組合運動を通じて、イタリア人アナーキストのルイージ・ガッレアーニが発行していた『クローナカ・ソヴェルシーヴァ』誌の購読者となった。ガッレアーニの影響を受けてアナーキストの活動家となったサッコは、賃上げと八時間労働を要求するストライキに積極的に参加するようになった。

サッコは、一九一三年にはマサチューセッツ州ホープデールにあるドレイパー織物工場のストライキに応援で参加した。ミネソタ州のメッサビ鉄鋼グループの製鉄工場のストライキを支援するデモに参加した一九一六年、サッコは平和を乱した廉で警察に拘束されている。かれは三ヵ月の勾留刑となったが、罰金を支払い釈放された。

エリス島の「自由の女神像」

ヴァンゼッティは、一九〇八年六月二〇日、ニューヨーク湾にあるエリス島の入国管理事務所を通ってアメリカに入国した。かれは、一八八六年にフランスから貸し出された、エリス島に立つ自由の女神像を見たであろう。その台座には、詩人エマ・ラザルスの詩の一節が刻まれている。

疲れし者、貧しき者を我に与えよ。自由の空気を吸わんと熱望する人たちよ。身を寄せ合う哀れな人たちよ。住む家もなく、嵐にもまれし者を我に送りたまえ。我は、黄金の扉にて灯を掲げん。

ニューヨークに着いた移民は大人から子どもまで全員、エリス島の入国事務所で入国申請をおこない、身体検査を受けた。アメリカに着いたばかりの、言葉も通じず、不安でいっぱいの移民は、一かけらの優しさもない対応で数秒のうちに、アメリカ入国か祖国への送還かの選別がおこなわれた。ヴァンゼッティは、そのときの状況を次のように記している。

移民センターの状況に驚愕した。移民はまるで動物にように選別され、アメリカに着いたばかりの不安、重圧をやわらげるような、優しく元気づける言葉をひとこともかけられることはなかった。どこに行けばいいんだ。何をすればいいんだ。これが「約束の地」であった。

夢見たアメリカの現実

ヴァンゼッティは、広い道路に沿って高層ビルが林立し、激しく人の行きかうニューヨークを目にして、「トリーノは村みたいに思えた」と祖母に書き送っている。ヴァンゼッティは、七番街に住む父親の知り合いの住所にたどりついた。そこは労働者がひしめくように生活しており、自分の居場所がないことが分かった。ヴァンゼッティは、ニューヨークに着いたときのことを、祖母への手紙で次のように記している。

ニューヨークという巨大な大都市に上陸したのは午後四時です。それから夜の九時まで、寝場所を探して、娼婦や犯罪者であふれる恐ろしい界隈を歩き回った。

ヴァンゼッティは、ニューヨーク到着後に、コックをしていた同郷の知人にレストランの皿洗いの仕事を紹介され、そこで三ヵ月働いた。その職場は蒸気で蒸し暑く、労働時間も長く、かれは別のレストランに移った。そのときから、ヴァンゼッティは、生きるために仕事を探して、各地を転々とすることになる。

かれは、ニューヨークの職業案内所で、自分よりみすぼらしいイタリア人の若者に出会った。その青年は、お金がなく、前日は何も食べないまま一夜を過ごし、その日も何も食べていないと言うので、ヴァンゼッティはレストランに連れていき、朝食を食べさせた。その青年は、「ニューヨークに留まることは馬鹿げたことで」、新鮮な空気と輝く太陽のもとで働くために農村部に行くと言った。田舎育ちのヴァンゼッティも大都会の生活になじめず、その青年と一緒にニューヨークを離れ、農村に移動する。転職を繰り返すことについて、ヴァンゼッティは、「非道な仕打ちを許せない」自分の性格があるとも言っている。

コネチカット州ハートフォードでは、仕事も泊まる所もなく途方に暮れていたヴァンゼッティを、

図版５　エリス島の「自由の女神像」

アメリカ人の農民一家が二週間近く泊めてくれた。アメリカに来て、初めて人間として扱われたと、ヴァンゼッティは述べている。ヴァンゼッティは、「この家族の善意を忘れないであろう。残念なことに、その名前を思い出せない」と自叙伝に記している。

コネチカット州サウス・グラストンベリーのピエモンテ人の桃農園主の家では、「イタリア料理をたらふくご馳走になった」と述べている。仕事を転々と変えるヴァンゼッティは、泊まる家がないときは公園の木の下で寝ることもあった。「ピエモンテ人、ロンバルディア人、ヴェネト人のコロニー」があるコネチカット州ミドルタウンでは、一〇ヵ月ほど働いた。その後、コネチカット州メリディアンの石切り場で働いた。そこでは、二人のトスカーナ人夫婦とともに約二年間働き、「きれいなトスカーナ語を教えてもらった」と記している。メリディアンからの一九一一年一月一二日の妹ルイジーナへの手紙で、次のように記している。

イタリア人というだけで、無関心、時には敵意を抱いているのを感じたし、罵られ、不当な扱いを受けた。ここでは、公的な正義は力、残虐性にもとづいており、外国人はとくに体力で評価される。ほんのわずかでも稼ぐものは優れており、それが泥棒であろうと関係ない。多くの人が人間の尊厳を売り渡すことで財を成している。

ヴァンゼッティは、「約束の地」と思っていたアメリカで自分たちイタリア人がいかに差別され、嫌われた存在であるかを吐露している。この手紙では、「働かずに、いつも高価な衣服を着て、遊び回っている、とくに南部イタリア出身の若者の集団が存在している。かれらはマーノ・ネーラに属していて、犯罪行為で生活している」と述べている。ヴァンゼッティは、侮蔑と差別を受けながらも、マフィアのような犯罪組織に加わることなく、仕事を求めて転々と職場を変えながら、英会話の学校に通い、図書館で読書を続けていた。

プリマスに住んだヴァンゼッティ

同郷の知り合いの誘いもあり、メリディアンからニューヨークに戻ったヴァンゼッティは、レストランの菓子職人として六ヵ月近く働き、スプリングフィールドの近くの鉄道会社や煉瓦工場など、数え切れないほど仕事を変えた。一九一三年にはボストンの南東六四キロに位置するプリマスに移り、イタリア人移民のコミュニティに住み、プリマス鉄索会社で働き始めた。かれは、昼は鉄索会社で働き、夜は移民のために開設された英語学校に通っている。ヴァンゼッティの学習意欲、知識欲は、トリーノのお菓子屋で働いていたころから、非常に旺盛であった。

この時期に、信仰心の厚いカトリック教徒であったヴァンゼッティは、「わたしの宗教は神殿も、祭壇も、形式的な祈りももはや必要としない。わたしにとって、神とは、あらゆる人間的な属性を取り除いた完全な精神的存在である」と述べている。向上心を失うことなく、過酷な労働のなかでも学び続けるヴァンゼッティは、「各人が自分のために、神がすべての人のために」ではなく、「弱者、貧者、被抑圧者、民衆、迫害を受けたものの側に立つ」ことになる。

ヴァンゼッティは、「各家族に屋根のある家、各人の口にパン、すべての心に教育、知識を求めるすべての人に光」をと、生きる権利とともに、思想の自由が人間に不可欠な権利と考えるようになった。かれの思想的基盤はアナーキズムとなり、ガッレアーニが発行していた『クローナカ・ソヴェルシーヴァ』誌を拠点に活動を開始した。このとき、サッコとヴァンゼッティは、見えない糸で手繰り寄せられるように、知り合うことになる。

一九一六年一月、ヴァンゼッティは、男性は月給で一二ドル、女性は八ドルの賃上げを要求するストライキに参加した。アメリカ人とイタリア人の労働者において、歴然とした賃金格差が存在していた。ニューヨークの地下鉄工事の場合、アメリカ人の一日の賃金が三ドルであったのにたいして、イタリア人はその半分以下の一・三〇ドルであった。ストライキは二ヵ月にわたり、労働者の一部は経営者側の回答を受け入れ、ストライキは労働者側の敗北となった。

ボストンのイタリア人コミュニティ

サッコが上陸したボストンのウエストエンドには、リトル・イタリー、ゲットー、あるいはブラック・ベルトなどの「都市の村」が存在していた。都市再開発で取り壊される前のウエストエンドについて、ハーバート・J・ガンズは、『都市の村人たち――イタリア系アメリカ人の階級文化と都市再開発』（松本康訳、ハーベスト社、二〇〇六年）で、「民族誌的なコミュニティ研究」として、サッコとヴァンゼッティが住み着いたころのウエストエンドのイタリア人移民の生活を紹介している。

同胞たちと、同じ地域で、肩を寄せ合い、助け合って生きていたイタリア系アメリカ人への聞き取り調査によれば、かれらはしだいにアメリカ文化に同化していったが、食習慣と言語を放棄することはなかった。イタリア系アメリカ人の家庭では、イタリア料理しかつくらず、イタリアの宗教的な祝祭のメニューを守った。全体として、アルコールではなく、豊富な料理が祝いのために出された。主菜は香辛料がきいたもので、デザートはとびきり甘いものであった。言語は、ウエストエンドの住民のほとんどが、「イタリア語、もっと正確には、出身地の方言」を話した。その言語は親から教わり、家族の意思疎通に不可欠であった。もちろん、第二、第三世代は、ジュ

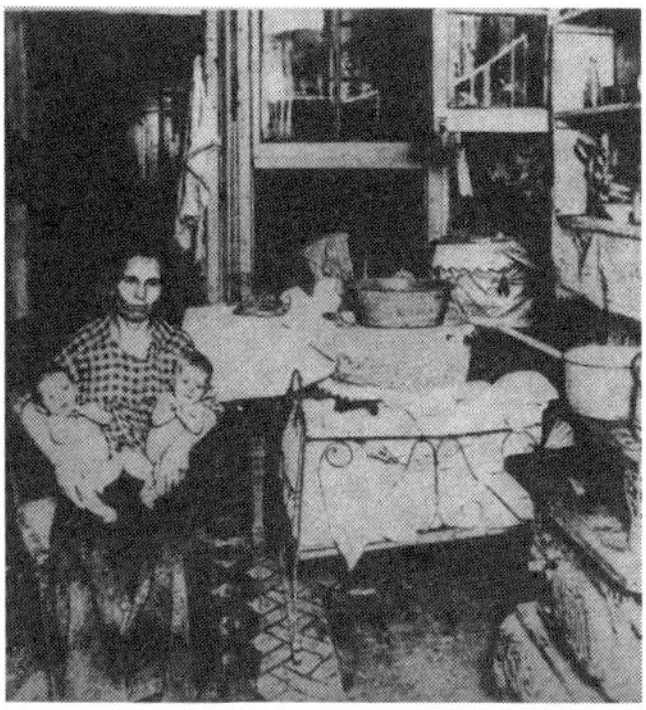

図版６　移民の住まい

ゼッペをジョゼフ、マリーアをマリーにと、アメリカ風の名前に変え、英語中心の生活となった。

ヴァンゼッティは、「都市の村」のウエストエンドで、「イタリア人労働者は掘立小屋」に住み、「牛馬のように働き、生活していた」と法廷で語っている。その地域は、道路は舗装されておらず、不法のバラックが立ち並んでいた。プリマスに移ったヴァンゼッティは、泊まるところがなく、エッリーコ・マラテスタなどイタリアの著名なアナーキストが立ち寄ったと言われる、イタリア人移民のブリーニの家に一時身を寄せた。ブリーニとヴァンゼッティが知り合ったのは、ともに働いていたプリマス鉄索会社であった。筋金入りのアナーキストであるブリーニの家には、イタリア人たちが集まり、組合運動について議論していた。

子ども好きのヴァンゼッティは、ブリーニ家の三人の子どもたちに花の名前などを教えている。後述するが、子どもの一人が裁判の証人として、クリスマスにイタリア人が伝統的に食べるウナギを売るのを手伝ったことを証言している。

アメリカに亡命したイタリア人アナーキスト

イタリアにおけるアナーキズムは、ロシア人革命家、ミハイル・バクーニンを抜きに語れない。かれは流刑地のシベリアを脱走し、日本・アメリカを経由してロンドンに到着し、そこでマルクスと出会い、一八六四年九月に結成された国際労働者協会、いわゆる第一インターナショナルに協力することになる。

バクーニンは、一八六四年一二月にイタリアを訪れ、六七年九月までナポリに滞在した。その間に、かれはジュゼッペ・ガリバルディとも親交をもち、多くの若い急進派、社会主義者に影響を与えた。戸田三三冬によれば、南部イタリアの民主主義者のなかに「最初のバクーニン・グループ」が形成された。

アンドレーア・コスタやカルロ・カフィエーロなど若い民主主義者は、国際労働者協会イタリア支部を一八七二年にリーミニで結成し、ロンドンの国際労働者協会総評議会と決別した。イタリアの国際労働者協会支部は、マルクスの主導する総評議会の労働者の政党による権力の奪取を否定して、ストライキなどの直接行動で権威的・特権的な国家権力を打倒し、個人の自発性に依拠する社会をめざす方針をとった。

一八七四年八月にアンドレーア・コスタを中心とするアナーキストは、ボローニャで武装蜂起を企てるが、鎮圧された。これを機に、イタリア政府は国際労働者協会支部を解散させた。一八七七年四月には、カルロ・カフィエーロ、エッリーコ・マラテスタを中心とするアナーキストがナポリに近いマテーゼで蜂起を起こすが、これも鎮圧された。

一八八九年に制定されたザナルデッリ法によって、集会の自由が制限され、社会主義者やアナーキストは居住地の強制指定がおこなわれ、一八九〇年一月からアナーキストへの弾圧は一層厳しくなった。一八九一年のローマのメーデーで、アナーキストの反政府演説を警察が阻止し、多くのアナーキストが逮捕された。一八九二年のメーデーでは、事前にイタリア各地でアナーキストや社会主義者が検挙され、新聞や出版物の発行が停止された。その年の八月、ジェノヴァでイタリア勤労者党創立大会が開催され、社会党とアナーキストは決定的に分裂した。

その時期のアナーキストは、横山隆一によれば、「思想は斉一的ではなく、各人各様であった」。「マラテスタやメルリーノのような革命的社会主義という言葉を使い、労働者組織を重視するもの」、「クロポトキンのような平和主義的なもの」、「シュティルナーやニーチェの影響を受けたニヒリストで労働者組織とかかわらないもの」などの潮流があった。

イタリアで弾圧を受けたアナーキストの中心的なメンバーがつぎつぎとアメリカに到着した。弁護士のピエトロ・ゴーリは、一八九五年にニューヨークのエリス島に上陸し、繊維産業が盛んで、イタリア人移民が多く働き、アナーキズム運動が盛んであったニュージャージー州パターソンに住んだ。

ジュゼッペ・チャンカビッラもまた、弾圧を逃れて、一八九八年にアメリカに来て、パターソンに住み、アナーキズムの出版をおこなった。かれは、支配階級を打倒するには個人的なテロ行為しかないと考えていたが、その主張が、前述した国王ウンベルト一世を暗殺したパターソンに住んでいたブレーシに影響を与えたと考えられる。

前述したサッコとヴァンゼッティに影響を与えたルイージ・ガッレアーニは、一八九一年のローマのメーデーに参加し、アメリカに逃避し、パターソンでアナーキストの雑誌『社会問題』の編集に加わった。

アメリカのイタリア人のアナーキズム運動には、二つの勢力が存在していた。一つは、平和的な勢力で、多数派を占めていた。もう一つは直接行動による国家打倒のために暴力を肯定する少数派であった。ボストンに活動の場を移したガッレアーニを指導者とするグループは暴力の行使を主張し、警察や権力機関の攻撃をおこなっていた。

その他に、イタリアのアナーキズムの指導者であるフランチェスコ・サヴェリオ・メルリーノは一八九二年に、エッリーコ・マラテスタは一八九九年八月にアメリカに亡命し、パターソン、ニューヨークに滞在している。

アメリカ大統領マッキンリーの暗殺

一九世紀後半からアメリカでも、社会主義、アナーキズムの活動が活発化した。一八八六年五月四日、アナーキズム運動が活発であったシカゴで、メーデーの誕生の切っ掛けとなったヘイマーケット事件が起こった。ストライキに参加した労働者と経営者側のスト破りの殴り合いが起こり、警察が労働者に発砲して、四人の死者が出た。これに抗議するヘイマーケット広場で開かれた集会を警察が襲った。そのとき、爆弾が破裂し、警察と労働者の双方に死傷者が出た。

イタリアで国王ウンベルト一世が暗殺された翌年の一九〇一年九月、アメリカ大統領ウィリアム・マッキンリーがポーランド人移民のアナーキスト、レオン・チョルゴズに暗殺され、副大統領であったセオドア・ローズベルトが大統領に就任すると、アメリカでは外国人アナーキストの入国を禁止する移民法、アナーキズムの新聞を統制する法律が発布された。マッキンリー大統領の暗殺以降、ポケットにダイナマイトを潜ませ、あるいは脇に挟んだ新聞に爆弾を隠して凶行を働く卑劣な移民のアナーキストのイメージが人々を震撼させた。

アメリカでは、労働者が一三〜一四時間労働を否定して、八時間労働を要求する運動が高揚し、一九一二年から一三年にかけて、アメリカ東部では工場労働者のストライキが続いた。マサチューセッツ州のローレンスではアメリカ羊毛会社の未組織労働者二万五〇〇〇人が賃上げを要求してストライキに入った。ストライキ参加者の大部分がヨーロッパからの移民であったが、イタリア人が多かった。サッコもヴァンゼッティも、激化の一途をたどっていた労働運動のなかで、アナーキズムの活動家となっていった。

リビア戦争批判

プリマスに住んだヴァンゼッティは、イタリアの政治にも関心をもち、アメリカで発行されていたイタリア語の新聞などから情報を得ていた。一九一一年に、イタリア政府は、トルコ支配の地中海沿岸のトリポリタニアとキレナイカへ進出し、トルコとの戦争が勃発した。いわゆる、リビア戦争である。この戦争について、一九一四年一二月の祖母への手紙で、ヴァンゼッティは戦争反対の立場を鮮明にしている。

はじめに悲惨な経験をするのは殺戮される多くのイタリアの青年である。不毛の砂漠で、アフリカの汚い城外で命を失うのはかれらである。手足を失い、病気にかかり、亡霊となって、哀れで悲劇的な存在になるのはかれらである。息子たちを奪われた年老いた母親、妻、子どもたち。殺された息子が唯一の支えであった多くの年老いた母親は、今は泣くだけである。

異なる民族、言語、宗教、習慣のアフリカにイタリアが進出する理由は何か。かれらはわれわれの文明に敵対しているのか？　いかなる理由もないのである。にもかかわらず勝利した。なぜか？　イタリアの大砲の音が、アラブ人の古い小銃の音に優っていたからである。
この戦争の結末はどうだったか？　貧困が増大し、祖国の自由を求めたアラブ人の胸を撃ったものと同じマスケット銃で、民衆の抗議は血をもって弾圧された。その悲しい結末は移民の増大につながった。

そして、ヴァンゼッティは「血と、涙と、貧困と、命を懸けておこなう戦争は、たとえ勝利したとしても、得るものは何もない」と反戦思想を展開している。
ヨーロッパでは一九一四年七月に第一次世界大戦が勃発した。ドイツ・オーストリアの三国同盟に加わっていたイタリアでは、第一次世界大戦への参戦か中立かをめぐって激しい論戦が繰り広げられた。参戦を主張するものは、オーストリア領として残る未回収地の回復を求める、イッレデンティズモ（失地回復主義）を主張して、参戦を唱えていた。このことについて、ヴァンゼッティは前掲の祖母への手紙で次のように記している。

イタリアはトリエステの同胞を解放するための戦争をおこなうと言う。この地域に住むイタリア人は住民の五分に一にすぎない。残りの五分の四は異なる言語と宗教の人々である。かれらはイタリアよりもオーストリア政府を望んでいる。

ヴァンゼッティは、アナーキズムの戦争反対、徴兵拒否という政治主張を支持し、戦争を銀行家や資本家たちの望むものとして、否定するようになっていた。一九一五年七月一二日の祖母への手紙では、「戦争という悲しい現実が、まだ中立を保っているアメリカにも影響を与えている。生活必需品の物価が上がる一方で、武器、火薬、爆弾の工場がフル稼働している」と述べている。

イタリアの徴兵を拒否したヴァンゼッティ

一九一四年のクリスマスまでには終わると言われた第一次世界大戦は、一九一八年一一月まで四年以上も続き、ヨーロッパを荒廃させることになる。イタリアは、オーストリア領として残ったトレンティーノ、トリエステ、ダルマツィーアを見返りに、一九一五年五月に英仏の協商国側に立って参戦し、五九〇万人を動員した。

一九一六年一月二三日の父からの手紙には、イタリアの徴兵検査について記されている。一八八八年生まれのヴァンゼッティに徴兵検査の知らせが家に届いたのだ。ボストンのイタリア領事館に行き、そこで徴兵検査を受け、適格者と判断されれば、イタリアへの帰国旅費はイタリア政府が負担するので、イタリアに戻ってくれと、父は息子に求めている。その手紙の最後に、「わたしの可愛い息子よ、わたしを困らせないでくれ。お前に重大な支障をもたらすことを避けるためにも、帰国するようにお願いする」と父親が懇願している。

しかし、ヴァンゼッティは、ボストンのイタリア領事館に出向くことはなかった。かれは、一九一六年三月一二日の祖母への手紙で次のように述べている。

高名な「イタリアのロバ」（イタリア国王ヴィットーリオ・エマヌエーレ三世を揶揄したもの）について考えてください。友人で戦争に参加したものが命を失い、その母親が息子の死亡通知を受けて「国王万歳、戦争万歳」と叫ぶでしょうか。

父親から一九一六年七月末日までにイタリア領事館に「徴兵検査で出頭することをお願いする」という息子への哀願の手紙が届くが、ヴァンゼッティはそれを無視した。ヴァンゼッティはイタリア軍への徴兵を忌避した。

徴兵適齢のイタリア人がアメリカ合衆国、ラテンアメリカ諸国、フランスなどに移民として働いていた。かれらの多くは、ヴァンゼッティのように、イタリアに戻ることなく、徴兵忌避者となった。イタリア国内でも、徴兵を忌避した若者が、山中に隠れて、集団で山賊などの犯罪行動で生活を立てていた。

第一次世界大戦に参戦したアメリカ

アメリカでは、当初は第一次世界大戦は遠いヨーロッパの戦争と思われていた。ドイツなどからの軍需品の受注でアメリカの経済は活況を呈するようになり、ウィルソン大統領は中立国であるアメリカは交戦諸国との貿易の権利を放棄しないと宣言していた。

ところが、一九一七年一月にアメリカの船舶がドイツの潜水艦に攻撃を受け、五隻が撃沈されると、ウィルソン大統領は、一九一七年四月二日、ドイツ・オーストリアに宣戦布告を宣言し、一七五万人近い兵士をヨーロッパに派遣した。

ウィルソン大統領はアメリカ市民であるかどうかを問わず、二一歳から三一歳の男子に、一九一七年六月五日までに徴兵登録をおこなう義務兵役法を発布した。それとともに、「スパイ活動防止法」（一九一七年六月）、「治安維持法」（一九一八年五月）、「国外追放法」（一九一八年一〇月）が成立した。これらの法律で、戦争反対を主張する平和主義者・社会主義者・アナーキストの政治組織にたいする警察の捜索がアメリカ全土でおこなわれ、活動家は逮捕され、投獄された。一九一七年にロシアでは「二月革命」が起こり、帝政が崩壊し、「一〇月革命」で社会主義政権が成立した。ロシア革命の影響がアメリカにも及ぶのではないかという「赤への恐怖」が広まった。このことが、サッコとヴァンゼッティの運命を狂わせる一因となった。

メキシコに逃れたサッコとヴァンゼッティ

アナーキストの指導者ガッレアーニは、戦争は大企業や資産家のためのもので、武器を取らないように、「息子たちよ、戻ってくるな」と、イタリア人アナーキストにメキシコへの逃避を呼びかけていた。サッコとヴァンゼッティは、ガッレアーニの言葉に従って、戦争拒否の意志表明として、メキシコ逃避を決意した。二人は、七、八人のイタリア人グループとともに、一九一七年五月下旬、メキシコに向かった。そのとき、ヴァンゼッティはバルトロメーオ・ネーグリに、サッコはニーコラ・モスカテッリと名前を変えていた。それはおそらくガッレアーニの指示によるものであったろう。

かれらはアメリカとの国境に近いメキシコのモンテレイに着いた。ヴァンゼッティは、後に法廷での尋問で「兵士にとられないために逃げた」、「戦争に行くのを拒否したとしても、この国が、この国の人たちが嫌いだからではない」、「わたしがイタリアにいたとしても戦争に行くのを拒否したでしょう」と答えている。

サッコとヴァンゼッティは、仕事も雨露をしのぐ場所もなかったモンテレイの生活を通じて、無二の親友として、かたく結ばれた。ヴァンゼッティは、一九一七年七月二六日に、モンテレイから家族に宛て手紙を書いている。「メキシコに来て二ヵ月が経つが、毎日手紙を書こうと思っていた。でも、それができない状況であった。ここでは、仕事を得て生きることはできない」と述べている。その上で、「メキシコから一〇〇冊の本以上のことを学んだ」が、アメリカでの徴兵や国外追放の状況を確認し、安全と考えたらアメリカに戻ると伝えている。

戦争が終わるとすぐに、サッコは妻と子どものいるマサチューセッツ州ストートンに戻り、前に働いていたスリー・ケイ製靴工場で再び働き始めた。待つ人もいないヴァンゼッティは、ミズーリ州セントルイスやオハイオ州ヤングスタウンなど、職を求めて転々とした。一九一八年五月一四日、ヤングスタウンから父親に手紙を書いている。

ここは煙の街と呼ばれている。いくつかの巨大な製鉄工場があり、火を噴く火山に似て、日夜休むことなく、火と煙をあげている。戦争は製鉄企業を発展させ、人間の蟻塚にするように、多くの労働者を引きつけている。手ごろな仕事が見つかるけれども、この環境に慣れるのは難しい。ヴェネト出身の知り合いが近くに農園をもっているので、そこで働くことになろう。

ヴァンゼッティは、一九一八年夏にマサチューセッツ州プリマスに戻った。一九一九年九月一日の父親への手紙で、「プリマスに戻りました。本名を名乗ることになりました。この手紙はブリーニ家で書いています」と知らせている。ヴァンゼッティは、メキシコに行くまで間借りしていたブリーニの家は、子どもたちが成長していたこともあり、同じくイタリア人のフォルティーニ家に住むことになった。

ヴァンゼッティは建築現場で人足として働き始めた。そんなとき、イタリアに帰国する友人から魚を売り歩く荷車、魚をさばく包丁、秤を譲り受けて、一九一九年春から、イタリア人を相手に魚の行商を始めたが、製氷会社や、鉄道工事、水道管の敷設の現場でも働いている。日付はないが、内容から一九一九年五月一日と推測される手紙で、父親に次のように書いている。

今日は労働者の祭日です。戦争が終わり、嫌なことは少なくなりましたが、生活はますます難しくなっています。若者だけでなく、家族のあるものは大変です。あらゆる品物の値段は上がり続けています。

おそらく父親がイタリア帰国を勧めていたのであろうが、「イタリアに戻ることはできません。許可が下りないのです」と言い訳をしている。かれは「窮地を切り抜ける状況にあります。わたしのために無理をしないでください。お金が無くなったら、知らせます」と答えている。

ストライキの年

戦争が終わり、平和になった一九一九年は、アメリカではストライキの年、暗い年でもあった。一九一九年一月、アメリカ北西部のシアトルの造船所の労働者、ニューヨークの港湾労働者と織物工が八時間労働を求めてストライキをおこなった。九月にはボストン市の警察官が、年末にはアメリカの重要な生産部門である鉄鋼労働者による三六万人がストライキを三ヵ月あまり続けた。

一九一九年五月一日、アメリカ各地で「国外追放法」にたいする激しい抗議運動、四〇件近い爆破事件が起こった。司法省は同年一一月にロシア人アナーキストを逮捕、強制送還した。アメリカ政府は、革命思想をもたらす移民を警戒、弾圧を正当化するために「犯罪集団」という括りで、人種差別的政策をおこなった。

ちなみに、一九一九年に開かれたパリ講和会議で、日本代表の牧野伸顕は、ウィルソン大統領の「十四ヵ条の平和原則」にもとづく国際連盟の規約に人種的差別撤廃を盛り込む提案をおこなっている。これにイギリス、オーストラリアが反対し、アメリカも内政干渉にあたるとして猛反発した。採決では、その提案は賛成多数であったが、人種差別禁止のような重要問題については「全会一致」として、議長決議で否定された。

一九一九年には、禁酒法で知られる酒類の製造、販売、輸送を禁止する憲法修正第一八条が制定された。その法律は長年にわたって議論されてきた、保守的なキリスト教原理主義の主張と結合した酒場と酔っ払いを追放することを目的とするもので、一九二〇年から一九三三年まで酒類の製造・販売が禁止された。

禁酒法は闇の酒造、違法な酒場を生み出し、マーノ・ネーラのような犯罪組織が密造酒の製造販売で巨額の富を手に入れることになる。それは、テレビで放映されたFBI連邦捜査局の捜査官ネスとシカゴのマフィアのアル・カポネとの戦いでも知られている。フィッツジェラルドの『華麗なるギャツビー』の主人公ジェイ・ギャツビーが、禁酒法の時代の夜のないアメリカの都市で、酒の密輸に手を染め、若くして巨大な富を得たのはこの時代の話である。

「赤への恐怖」の時代

メキシコから戻ったサッコとヴァンゼッティの二人が目にしたのは、第一次世界大戦後の社会混乱とロシア革命で広まった「赤への恐怖」によって、社会主義者やアナーキストの移民労働者がおかれたきわめて厳しい現実であった。資本家たちは、ストライキをおこなう労働者に、資本主義社会を崩壊に導くボルシェビズムを見た。社会主義者やアナーキストは社会秩序の転覆者、共産主義者のスパイと、戦争反対者は売国奴と見なされた。

ヨーロッパ戦線からの復員兵は、ヨーロッパの自由を守るための厳しい戦いを生きて帰ったにもかかわらず、仕事もなく、不満を高めていた。かれらは、戦場に行くのを拒否した「赤」やアナーキストの反戦主義者に怒りを露わにした。

外国人の危険人物に「国外追放法」を発布し、「赤」にたいして強硬な政策をとった司法長官A・ミッチェル・パーマーはアナーキストの標的となり、一九一九年六月二日に司法長官邸に爆弾小包が送られ、玄関で爆発した。この事件は、とりわけ中産階層の「赤への恐怖」を駆り立て、新聞は社会革命の危機を書き立てた。司法長官パーマーは、アメリカの国家体制の転覆を狙う「赤」は危険な存在であるとして、「赤」にたいする弾圧を一九一九年一一月に開始した。翌二〇年一月には、それがアメリカの三三の都市に拡大し、アメリカの「赤への恐怖」は最高潮に達した。ニューヨークではイタリア人アナーキストのルイージ・ガッレアーニが逮捕され、一九一九年六月二四日に国外追放となっていた。一九二〇年一月にアメリカ全土において、移民の「赤」が大量に逮捕され、国外に追放された。

一九二〇年九月一六日一二時過ぎ、ニューヨークのアメリカ経済の中心地ウォール・ストリートのモルガン銀行の近くで、馬車に積んだダイナマイトが爆発し、三九人の死者が出る事件が起きた。新聞はウォール・ストリートの爆弾事件をルイージ・ガッレアーニの指導するアナーキスト・グループによるものと書き立て、世論は爆破事件の犯人はアナーキストに違いないと見なしていた。

サルセードの逮捕とその死

連邦警察は司法長官パーマー暗殺を実行する宣言文の印刷所を探し当て、国家転覆をめざす文書を印刷した疑いで、二人のイタリア人を一九二〇年二月二五日に逮捕した。一人はガッレアーニの協力者のアンドレーア・サルセードである。もう一人は一九〇六年にアメリカに入国した印刷工のロベルト・エーリアであった。逮捕されたサルセードとエーリアは、ニューヨークのマンハッタンにある司法省の取調室に二ヵ月にわたって拘束された。

ヴァンゼッティは、逮捕されたサルセードとエーリアの救援活動を仲間と相談するために、一九二〇年四月二五日から数日、ニューヨークに滞在した。ボストンに戻ったヴァンゼッティは、ニューヨークにおける会議の内容を仲間と討議し、サルセードとエーリアの救援活動を開始した。その矢先、一九二〇年五月三日朝、サルセードは歩道で死体となって発見された。かれは、連邦捜査局の取り調べがおこなわれていたニューヨークのパーク・ロー・ビルの一五階の留置所の窓から飛び降りた。それは、警察による激しい拷問で自白を求められたことによる自殺であったと思われる。サルセードと一緒に逮捕され、かれの死の真相を知り得たエーリアはエリス島入国事務所に移され、国外追放となった。エーリアは、別室の取調室からサルセードの悲鳴を聞いたと、後に証言している。

サルセードの死はイタリア人のアナーキストに衝撃をもたらした。ヴァンゼッティは、サルセード救援運動の弁護士から、警察の捜索が迫っており、アナーキズムの文献や書類を隠すように指示された。サッコとヴァンゼッティは、警察の手入れの前に、サッコの家にあるアナーキズムの文献や救援委員会の書類などを、イタリア人の車を使って、ポピーと呼んでいた友人の家に移すことになった。

図版7　ウォール・ストリートの爆弾事件の現場

車の所有者はマーリオ・ブーダ（ミーケ・ボーダと名乗っていた）であった。かれは、ロマーニャ出身で、一九〇七年にアメリカに入国していたが、アルコール類の密売に手を染めていたと言われ、今一つ素性が分からない人物であった。サッコとヴァンゼッティは、ブーダが修理に出していた乗用車を引き取るために、五月五日の夜にサイモン・ジョンソン修理工場に行くことになった。それに、フェルッチオ・コアッチ、リッカルド・オルチアーニの二人が参加することになった。オルチアーニはノーウッドの鋳物工場で働いていた。コアッチの家にはブーダが同居していた。

一九二〇年五月五日午後に、ヴァンゼッティはサッコの家に行った。妻ロジーナがイタリア帰国の準備をしていた。サッコは、兄サビーノの手紙で母の死を知らされ、家族を連れてイタリアに五月九日の船で帰国することを決め、勤め先のスリー・ケイ製靴会社の社長に挨拶をするために出かけていた。サッコが家に戻ってきたのは夕方であった。

ヴァンゼッティとサッコは、五月五日夜、修理工場で車を受け取るために、ブロックトンからブリッジウォーター行の電車に乗り、そこから徒歩でサイモン・ジョンソン修理工場に九時半ごろに着いた。コアッチとオルチアーニはサイドカーですでに着いていた。

修理工場主のサイモン・ジョンソンは、車の修理は終わっているがナンバープレートが一九二〇年のものではなく、車を使用しない方がよいと言った。それは、警察の指示による、イタリア人たちを引き留めるための口実であった。その間に、ジョンソンの妻ルースは、車の引き取りに来た四人に気づかれないように家を抜け出し、隣家の電話を使ってイタリア人が車の引き取りに来ていることをブロックトン警察署長のスチュアート警部に伝えた。

コアッチとオルチアーニは乗ってきたサイドカーで立ち去った。サッコとヴァンゼッティは電車の停車場に徒歩で戻り、ブリッジウォーターからブロックトン行の九時四〇分に電車に乗った。

ブロックトン警察署長のスチュアート警部が自動車工場に着いたとき、かれらが立ち去った後であった。ジョンソンと妻ルースはサイドカーのナンバーや四人の人相などを警察署長に伝えた。スチュアート警部は、電車に乗った二人を拘束するように部下に命じた。

電車のなかで逮捕された二人

電車に乗り込んだ私服警官コノリーは、サッコとヴァンゼッティに近づき、手を上げろと、告げた。一九二〇年五月五日夜一〇時ごろ、サッコとヴァンゼッティは理由も分からないまま、突然に逮捕された。

「なぜだ、わたしたちが何をしたというのだ」とヴァンゼッティは抗議したが、警官コノリーは「お前たちには嫌疑がかかっているのだ、質問するな、両手をポケットから出して、名前を言え」と言った。

ヴァンゼッティはゆっくりと、「わたしの名前はバルトロメーオ・ヴァンゼッティです」と言った。顔色が蒼ざめたサッコは「わたしはニコーラ・サッコです」と答えた。二人は電車を下ろされ、ブロックトン警察署に連行された。連行中にコートのポケットに手を入れようとしたサッコに、警官コノリーはコートのポケットから「手を外に出して、見えるようにしておけ」と言い、「もしかしたらお前は銃をもっているのか?」と聞いた。サッコは「いや、武器はもっていない」と答えた。

しかし、二人は銃を所持していた。警察署における取り調べで、ヴァンゼッティは、弾倉に実弾五発が入った三八口径のハリントン&リチャードソン（H&R）社製のリボルバーと小銃用の弾を、サッコは三二口径の弾が入ったコルトを所持していた。

網を張るブリッジウォーター警察

スチュアート警部は、一九一九年一二月二四日にブリッジウォーターで起こった強盗未遂事件と、一九二〇年四月一五日にサウスブレイントリーで起こった強盗殺人事件を捜査していた。しかし、事件から半月が経っても、手掛かりさえつかめず、サウスブレイントリー事件はお蔵入りという声さえ聞かれていた。解決を焦ったスチュアート警部は、そのような声を静めるために、ブリッジウォーター強盗未遂事件とサウスブレイントリー強盗殺人事件の犯人をイタリア人の犯罪集団に的を絞って探していた。

B級市民で、政府転覆を企てる危険な「イタリア野郎」のサッコとヴァンゼッティが、スチュアート警部が張っていた網に飛び込んだ。まさに、二人は、スチュアート警部にとって、飛んで火にいる夏の虫で、易々とスケープゴートになった。連行されたブリッジウォーター警察での尋問に、サッコとヴァンゼッティは嘘の返事をした。

どこから電車に乗った？
ブリッジウォーターから。
何の用でブリッジウォーターに行った。
友達に会いに行った。
その友達の名前は？
ポピーです。

スチュアート警部はサッコにたずねた。「なぜ武器をもってうろついているのだ」。サッコは、「物騒な時代で、自己防衛のために武器をもつことはいいことだ」と答えた。ヴァンゼッティは、魚の仕入れに行くときには一〇〇ドルほどもっているので、自衛のためにリボルバーをもっていた。

一九二六年一二月五日の妹ルイジーナへの手紙で、次のように記している。「サッコは自分の銃をもっていた。わたしのは、エーリアとサルセードの支援のためにニューヨークに行ったときにもらった古い銃である。逮捕された日は、政治目的で行動していたので銃を所持していた」。「その時期、破壊活動分子、外国人、戦争反対者にたいする政治的な反動と民衆的な遺恨が広く存在していた」からである。

自動車の引き取りに一緒に行った「コアッチを知っているか」というスチュアート警部の質問に、二人は「知らない」と答えた。この虚偽の答えは、銃を所持していたことに加え、強盗殺人に関与したことへの後ろめたい気持ちの表れと見なされ、裁判で二人に不利になった。

スチュアート警部の「お前たちはアナーキストか」という質問でも、ヴァンゼッティは少し考えて、「政府とは違う形でアナーキストである」と、サッコはアナーキストではないと答えた。この質問は、サッコとヴァンゼッティを刑事事件の犯人だけでなく、思想犯として裁くためのものであった。二人をさらに不利にしたのがサッコがポケットに入れていた集会への参加を呼びかけるビラである。サッコは、ヴァンゼッティが書いた政治集会への参加を呼びかけるイタリア語の原稿を印刷所に渡すために、ポケットに入れていた。集会の場所と時間は決まっていなかったので空白にしていた。


労働者諸君！　諸君はあらゆる戦争を戦った。諸君はあらゆる資本家のために働いた。諸君はあらゆる国々をさまよい歩いた。だが諸君、この戦い、この労働の代価は支払ってもらったであろうか。諸君の過去はどうあったか。そして現在は満足しているか？　人間として生き、人間として死ぬことができるわずかな土地を手に入れたか？

サッコが、スチュアート警部に、「なぜ逮捕されたのか」と聞くと、「お前が知っているだろ」と言われ、逮捕の理由は告げられなかった。その後、「殴られて」独房に入れられたと、法廷で証言している。

サッコとヴァンゼッティは、危険な外国人の国外追放がおこなわれていたことから、自分たちの逮捕はアナーキストの政治活動にあると考えていた。二人は、投身自殺をしたサルセードのことがあり、仲間の情報を漏らしてはいけないと、嘘をついた。ところが、スチュアート警部は、一九一九年一二月二四日に起こった現金強奪未遂のブリッジウォーター事件と一九二〇年四月一五日に起こった強盗殺人のサウスブレイントリー事件の犯人として二人を逮捕したと考えていた。逮捕された二人と、逮捕した警察の間には、最初から大きな認識の違いが存在していた。

逮捕翌日の五月六日のボストンの『イヴニング・グローブ』紙はヴァンゼッティとサッコの二人のイタリア人が無許可で武器を保持したことで逮捕されたと短く報じた。

そのとき、サウスブレイントリーから南に六五キロほど離れたニューベッドフォード警察のジェイコブス警部は別の容疑者を追っていた。彼は、四月一五日のサウスブレイントリー事件が起こる数日前に、界隈で組織的な犯罪を重ねていたイタリア人のモレッリ兄弟の一人マイケル・モレッリがビュイックに乗っているところを目撃していた。モレッリ兄弟は五人であったが、その三人は貨車を荒して、盗品を売り捌いた罪で裁判にかけられていた。

ジェイコブス警部はサウスブレイントリー事件をモレッリ兄弟一味による犯行という疑惑を深めていた。しかし、ジェイコブス警部の調査はマサチューセッツ州警察まで届かなかった。一九二〇年五月にサッコとヴァンゼッティが両事件の容疑者として逮捕されると、モレッリ兄弟の捜査は打ち切られた。しかし、モレッリ兄弟を首謀者とするサウスブレイントリー強盗殺人事件に加わったポルトガル人移民のセレスティーノ・マデイロスが一九二五年に自白することになる。それについては後述する。

地方検事カッツマンによる尋問

サッコとヴァンゼッティが逮捕された次の日、マサチューセッツ州ノーフォーク郡の地方検事フレデリック・カッツマンは、ブロックトン警察署でサッコとヴァンゼッティを尋問した。カッツマンは、その名前からしてドイツ系アメリカ人で、苦学して、ノーフォーク郡では功成り名を遂げた、人種的差別と思想的偏見に凝り固まった人物であった。

検事カッツマンは、サッコにたいして、ピストルを所持していたことについて尋問した後、「ベラルデッリを知っているか」と聞いた。サッコは「その名前はまったく聞いたことがない」と答えた。「サウスブレイントリーの強盗事件だよ」とカッツマン検事はサッコに水を向けた。サッコは、新聞で読んだ記憶があったので、「強盗事件があり、死者が出たのですね、そうではないですか」と答えた。

検事カッツマンは、ヴァンゼッティに、ブリッジウォーター事件の一九一九年一二月二四日と、サウスブレイントリー事件の一九二〇年四月一五日はどこにいて、何をしていたかを尋問した。

問　一九一九年一二月二四日、朝の七時半、どこにいたか。
答　プリマスで手押し車を押して、魚を売っていました。
問　今年（一九二〇年）の四月一五日、午後三時にはどこにいたか。
答　いつものように、プリマスにいました。

続けて、次のようなことを聞いた。

問　あなたは社会主義者ですか、ヴァンゼッティさん。
答　いいえ、違います。

問　共産主義者ですか。
答　いいえ、違います。
問　マーノ・ネーラ（マフィア）ですか。
答　いいえ、違います。

検事カッツマンの簡単な尋問が終わると、二人は別々の独房に戻された。二人がブリッジウォーター事件とサウスブレイントリー事件の二つの事件の犯人として逮捕されたことを理解したのは、警察署の二人を取材に訪れた新聞記者の説明であった。

検事カッツマンは、ヴァンゼッティを一二月二四日にブリッジウォーターで起きた現金輸送車強盗未遂事件で、サッコを四月一五日に起きた強盗殺人のサウスブレイントリー事件の主犯、ヴァンゼッティを共犯者として起訴した。

Ⅲ　二人の裁判の経緯

ブリッジウォーター強盗未遂事件の概要

ヴァンゼッティのブリッジウォーター事件の裁判は、かれの逮捕から一月近くを過ぎた一九二〇年六月一一日、プリマスで始まった。その裁判では、サッコは製靴工場で働いていたという当日のアリバイがあり、ヴァンゼッティだけが審理された。

ヴァンゼッティが起訴されたブリッジウォーター事件とは、どのような事件であったのか。一九一九年一二月二四日の朝七時半ごろ、ホワイト製靴会社の会計係アルフレッド・コックスは、マサチューセッツ州プリマス郡のブリッジウォーター信託銀行で、従業員の給与約三万四〇〇〇ドルの現金が入った三つの金属製の箱を受け取った。コックスはその箱をトラックに固定された金庫に入れて、運転席にたいして後ろ向きに金庫の上に座った。トラック運転席はアール・グレイブスで、助手席には警備員のベンジャミン・ボウルズが拳銃を構えて、護衛した。

従業員の給料を積んだトラックはサマー通りからブロード街に出て、南から北に向かってホワイト製靴会社に向かった。トラックがヘイル通りの近くに差しかかったとき、そこに止まっていた乗用車から三人の男が降りてきて、長いコートを着た、口髭の男がリボルバーを発射し、残りの二人も見境なくコルトを撃ちまくった。警備員は応戦し、運転手は通りかかった路面電車を盾にしながらトラックを走らせ、一〇〇メートル走って電柱に衝突して止まった。三人の強盗犯は、停めてあった乗用車でヘイル通りを逃走した。給与も奪われることなく、死傷者もなく、現金輸送車強盗事件は未遂に終わった。

ホワイト製靴会社は、この事件当日、ボストンのピンカートン探偵事務所に調査を依頼した。事件の記憶が鮮明な事件当日の午後二時、ブリッジウォーターに到着したピンカートン探偵事務所のヘイズは、会計係、警備員、トラック運転手、目撃者などから聞き取りをおこない、報告書をまとめている。それによれば、会計係と警備員も、現場を通りかかった自動車修理工場の従業員も、銃を発砲した男の顔をよく見ていないと話し、強盗犯が逃走に使用した自動車はハドソン社製であると語った。

ところが、法廷でおこなわれた証言において、会計係と警備員は件の男がヴァンゼッティと同じくふさふさした長い口髭を生やしていたように述べ、修理工場の従業員はヴァンゼッティの容貌に似た犯人像を描き、強盗犯グループがビュイック社の車に乗って逃走したと話した。

ピンカートン探偵事務所の調査と法廷での証人の証言が大きく食い違っていたにもかかわらず、探偵事務所の作成した報告書は警察以外には公開されなかったため、弁護人側は三人の偽証を問うことはできなかった。探偵事務所の調書は一九二七年六月まで、警察・検察以外には、開示されなかった。

プリマスの裁判

マサチューセッツ州プリマスは、一六二〇年にイギリス国教会の改革を唱えたピューリタンであるピルグリム・ファーザーズがメイフラワー号で上陸し、「アメリカの故郷」となった、アメリカ人のナショナルアイデンティティの原点である。マサチューセッツ州はアメリカ合衆国の揺籃の地、奴隷制廃止運動の拠点、そしてアメリカの経済・文化の中心地として誇り高く、州都ボストンは移民への反感が強い都市であった。

一九二〇年六月に始まった裁判で判事を務めたのは、州知事の座を狙う、野心的なウェブスター・セイヤーであった。検事は、前出のノーフォーク郡の地方検事カッツマンであった。判事セイヤー、検事カッツマンはともに、人種偏見に凝り固まっており、イタリア人移民を見下していた。主任弁護士ジョン・ヴェヒーはヴァンゼッティを無罪にする熱意はまったくなかった。ヴェヒーを補佐したのがジェイムス・グレイアム、エレミアとトマスのマッカナルニー兄弟であった。

検察側の目撃証人は、トラックに乗っていた会計係、警備員、運転手の他に、自動車修理工場の従業員の四人であった。

第一番目の会計係コックスは、事件の経過を述べた後、リボルバーをもった男はロシア人か、ポーランド人か、オーストリア人で、身長は五フィート八インチ（一七二センチ）、体重は一五〇ポンド（六八キロ）くらいで、肌は浅黒く、刈り込んだ口髭をはやし、長い黒っぽいコートを着ていたと証言し、ヴァンゼッティを犯人の一人と断言した。

第二番目の警備員ボウルズは、リボルバーを撃った男は口髭をはやし、ヴァンゼッティを「あのとき、リボルバーをもっていた男に間違いない」と証言した。

三番目の運転手グレイブスは、「リボルバーをもった男は背の高さ五フィート六インチ（一六七センチ）くらいで、体重が一四五ポンド（六五キロ）前後、三五歳くらいで肌色は浅黒く、黒い口髭をはやしており、ギリシア人みたいな感じだった。帽子はかぶらず、白いシャツを着て、黒っぽい背広を着ていた」と証言した。四番目の目撃証人は修理工場で働くフランク・ハーディングである。かれは、犯人の二人を見たが、リボルバーをもった男の顔色は浅黒く、黒い帽子をかぶっていて、「イタリア人あるいはイタリア出身者」のように見えたと証言した。

法廷における人種差別の現実

弁護士ヴェヒーは、ブリッジウォーター事件の目撃証人として、高校を卒業したばかりの一四歳のメイナード・フリーマン・ショーに質問している。

問　（ヴェヒー）　走って逃げたのは外国人だったと言えるのですね？
答　（ショー）　そうです。
問　かれはどんな外国人だったのですか？
答　民族ですか？
問　そうです。
答　もちろん、ヨーロッパ人です。
問　なぜですか？
答　イタリアかロシアです。
問　ロシア人ですか、イタリア人ですか？
答　正確には言えません。
問　その男は有色人種ではなかったと言いたいのですね。
答　そうです。
問　あなたの考えとしてはアフリカ人は除外するのですね。
答　そうです。
問　その男はロシア人か、イタリア人か、ギリシア人か、ブラジル人か、メキシコ人か、そのなかの一人ですね。

答　そうです。
問　それとも、ジャップ（日本人への蔑称）ですか。
答　そうかもしれません。
問　あなたは、その男がジャップだったかもしれないと言いたいのですか。
答　違います。
問　かれはジャップ、あるいはチャイナマン（中国人への蔑称）、あるいはアフリカ人であったとは言わないのですね。この三者は絶対に排除するのですね。
答　そうです。アメリカ人もです。

一九二〇年代のアメリカで、ギリシア人、ブラジル人、メキシコ人とともに、日本人、中国人などのアジア系移民にたいして、裁判所という公的な場でも、弁護士が民族差別の言葉を使用していたことが分かる。

ヴァンゼッティのアリバイ

ヴァンゼッティには、ブリッジウォーター事件が起こった一九一九年一二月二四日、確実なアリバイがあった。かれは事件現場のブリッジウォーターから三〇キロ離れたプリマスで、イタリア人の顧客に予約を取り、クリスマスイブの朝早くからウナギを届けていた。

アメリカに住むイタリア人は、イタリアにいたときと同じく、クリスマスイブを「質素な食事の日」として、肉ではなくウナギを食べる習慣を守っていた。クリスマスイブにウナギを食べることの理由は、飼い葉桶のなかの幼子イエスを見守り、温もりを与えた動物たちに敬意を表するために、肉ではなくウナギを食べるという説があるが、なぜウナギかは分からない。これは、前掲のハーバート・J・ガンズの『都市の村人たち』で指摘されているように、イタリア系アメリカ人はイタリアにおける食生活とイタリア語を持続的に堅持していたことを示している。

ヴァンゼッティが間借りしていた家主のマリー・フォルティーニの家に、一二月二三日夜にウナギの入った樽がボストンから届き、ヴァンゼッティはそのウナギを洗い、重量を量り、翌日の配達の準備をしていた。かれは二四日には朝六時一五分に起きて、朝食をとり、家を出たと、家主フォルティーニは証言している。

ヴァンゼッティは、前夜に準備したウナギを手押し車に積み込み、注文先に届けた。アメリカに来て一三年になる、夜勤明けの消防士カルロ・バルボーニは、ヴァンゼッティからウナギ二ポンド（四五三グラム）を、一二月二四日に購入したと証言した。コート・ストリート三〇一番地に住む靴屋のジョン・ディ・カルロは、二四日の朝七時に、いつものように店を開き、掃除していたときに、ヴァンゼッティがウナギを届けに来た。カルロは、その重量が七〇〇グラムで、イタリアにいたときからクリスマスイブにウナギを食べるのが習慣であったと述べている。注文を受けた家にウナギを配っているヴァンゼッティの姿を見かけたものも証言台に立った。

ベルトランド・ブリーニの証言

弁護士ジェイムス・グレイアムは、グラマー・スクールの八年生で、ニックネームのドーリーと呼ばれていた一三歳のベルトランド・ブリーニに質問をおこなった。ブリーニは、一二月二三日夜、「明日、二四日、手伝ってくれるかな」と、ヴァンゼッティから言われたと述べた。ブリーニがおこなった証言は次のようなものである。

二四日の朝、待ち合わせのチェリー通り三五番地のヴァンゼッティの家に行くと、かれは手押し車にウナギをのせていた。わたしは、最初に、ボンジョナーニさんの家に紙で包んだウナギを届けた。奥さんはウナギ代の一ドル二〇セントに二ドルを出した。わたしはおつりをもっていなかったので、奥さんが階段のところにいたヴァンゼッティさんに代金を支払った。

その後、ヴァンゼッティは大きな手押し車に代えて、イタリア人の家庭にウナギを届けて廻った。仕事を終えたヴァンゼッティが、二四日夜七時半ごろに家に来て、一緒にイブを過ごした。二五日朝、吊るしていた靴下のなかに、「ピーナツやナッツ、五〇セント銀貨と二ドル紙幣の入った財布、キャンディやネクタイなどが入っていた」と、ブリーニは述べている。それはヴァンゼッティのクリスマスプレゼントだった。

検事カッツマンのブリーニへの執拗な尋問

検事カッツマンのブリーニにたいする尋問は執念深いものであった。まず、検事カッツマンがブリーニに、「(弁護士の)グレイアムさんは、素晴らしい若い紳士ですか」とたずねた。ブリーニは「はい、かれはボストンから来た素敵な紳士です」と答えた。次に、検事カッツマンは「(弁護士の)ヴェヒーさんも素敵な紳士ですか」と畳みかけるように聞くと、少年は「そうです」と答えた。

検事カッツマンは、グレイアムとヴェヒーの二人の弁護士が紳士であるという言質を取った上で、「それではヴァンゼッティさんはどうですか」と聞いた。ブリーニは「そうです、紳士です」と答えた。それは、弁護士のグレイアムとヴェヒーと被告ヴァンゼッティを紳士として同列におくブリーニの証言の信憑性を問う、巧妙で、悪意のあるものであった。

質問の内容は突然に変わり、検事カッツマンは「ヴァンゼッティさんの逮捕を知ったのはいつか」、その逮捕は「恐ろしいことだったたか」、「強い印象を与えたか」と矢継ぎ早にブリーニに問うた上で「あなたのお父さんはヴァンゼッティさんの非常に仲の良い友人ですか」と聞いた。それに続けて、「お父さんはヴァンゼッティさんが逮捕されてから、かれのために署名簿をもって歩き回りましたか」とたずねると、ブリーニは「どのような意味ですか」と聞き直した。検事カッツマンは、「かれを守るための基金を集めるためです」と言うと、「知らないけれど、そうだったと思います」とブリーニは答えた。

さらに、「君の家にヴァンゼッティさんがしばしば来て、お父さんと話し込んでいたか」、「わたしたちの政府について話していたことを聞いたことがあるか」という検事カッツマンの尋問に、ブリーニが「わたしたちの政府とはどのような意味ですか」と聞き直すと、弁護士ヴェヒーは判事セイヤーに異議申し立てをおこなっている。

判事セイヤーは「イエスかノーで答えなさい」と言った。ブリーニは「知りません」と答えた。それに続けて、父親とヴァンゼッティは「どんな結社に加わっている」のかという検事カッツマンの尋問に、弁護士ヴェヒーが異議申し立てをおこなった。さらに、ヴァンゼッティの政治活動を明らかにしようと、検事カッツマンは「ヴァンゼッティさんがイタリア人に演説するのを聞いたことはありますか」と尋問し、ブリーニは「ない」と答えている。

検事カッツマンは、ブリーニに「あなたは記憶力は良いですか」と問うた。ブリーニは「自分では良いか分かりません」と答えた。検事カッツマンは、「結構、記憶力は良いですね、そうではありませんか」と言った。ブリーニは「わたしもそう思います」と答えた。

この検事カッツマンの切り出しは罠であった。もちろん、ブリーニにはそれが罠であることは理解できなかった。検事カッツマンは、弁護士に話したことをブリーニに繰り返させた。ブリーニは証言で、ぬかるみの道を手押し車を押すので、「家に帰って、ゴム靴を履いてこい」とヴァンゼッティに言われたことなど、弁護士に話していないことまで、こまかく話した。

それを聞いた上で、検事カッツマンはブリーニに次のように言った。「これは同じ話ですね。この話を誰に話しましたか」「弁護士ヴェヒーさんに話しました」「ヴェヒーさんには何回話しましたか」「二回です」「ここ法廷で二回話しましたから、四回になりますね。その他にどこで話しましたか」「家で話しました」「家で何回話しましたか」「多分、二回か三回です」「それより少し多いのではないですか」「多分、多いでしょう」。

続けて、検事カッツマンとブリーニのやり取りは、家で話したのは「十回ですか」「そんなに話していません」「九回ですか」「多分五回です」「おそらく六回では」「それはないと思います」「家で、誰に話しましたか」「両親です」「お父さん、お母さんの二人ですか」「そうです」「家で五回ですね」「そうです」「六回ではありませんか」「ありません」、と続いた。

この検事カッツマンの執拗な問いかけは、言うまでもなく、ヴァンゼッティに有利なアリバイ証言をするために、その内容をブリーニがなんども事前練習したことを陪審員に印象づけるものであった。

ヴァンゼッティに不利なイタリア人の証言

ヴァンゼッティの三〇人の証人の全員が、ブリッジウォーター強盗未遂事件が起きた一二月二四日にプリマスで、かれが早朝からウナギを売っているのを見たという証言をおこなった。ヴァンゼッティのアリバイを証言したものがすべてイタリア人であったことは、同郷人がかれを守ろうとしてアリバイ証言をおこなったという印象を陪審員に与えたことは否めない。

英語がよく理解できない上に、初めての法廷で緊張し、おびえたイタリア人の証言者は、的外れの返答をした。それに、検事カッツマンは苛立ち、あからさまに見下し、軽蔑した。その例が、前述のブリーニの母親アルフォンジーニにたいする検事カッツマンの質問である。

問　ヴァンゼッティさんはあなたの家に何年住んでいましたか？
答　わたしは四〇歳です。

問　違います、ヴァンゼッティさんはあなたの家に何年住んでいましたかと言ったのです。

答　四年です。

弁護士ヴェヒーは、政府転覆をはかる危険なアナーキストというヴァンゼッティのイメージを陪審員に与えようとする検事カッツマンの尋問を阻止するため、法廷でのヴァンゼッティの発言を認めなかった。しかし、そのことは、検察側の執拗な尋問に対抗して、弁護側が効果的な法廷闘争を展開できず、結果としてヴァンゼッティの犯行を認めたという印象を陪審員に与えてしまい、不利な結果を招くことになった。

ヴァンゼッティへの有罪判決

検事カッツマンは、イタリア人のアリバイ証言は同胞を護ろうとするもので信憑性がないとして、ヴァンゼッティをブリッジウォーター強盗事件の犯人に仕立て上げた。陪審員はヴァンゼッティに強盗未遂事件の犯人として有罪を評決した。一九二〇年八月一六日、法廷に出たヴァンゼッティに、判事セイヤーは、強盗未遂事件の犯人として、一二年から一五年の不定期懲役刑を言い渡した。事件は窃盗未遂で、一滴の血も流れていないのに、この刑は重すぎるものであった。実行犯は三名であったが、逮捕されたものはヴァンゼッティ以外にはいなかった。この判決は、検察側の不確かな目撃証言にだけもとづき、ヴァンゼッティのアリバイ証言を完全に否定する、まさにフレームアップであった。ヴァンゼッティは、「赤への恐怖」旋風が引き起こした思想的偏見と、イタリア人移民への民族的差別による、スケープゴートとなった。保釈金の二万ドルは、救援委員会がカンパで集めた。ところが、突然にその額が四万ドルと二倍になった。それは、続くサウスブレイントリー強盗殺人事件の裁判までヴァンゼッティを刑務所に留め置くために、かれが支払えない高額なものとする検察がとった措置であった。

サッコとヴァンゼッティ救援委員会の結成

サッコとヴァンゼッティが逮捕された翌日、一九二〇年五月六日、アルディーノ・フェリカーニが中心となって、イタリア人のアナーキストなどからなるサッコとヴァンゼッティ救援委員会が結成され、弁護士ヴェヒーを手配し、イタリア人などに募金を募って弁護料を準備した。フェリカーニは、リビア戦争に反対して兵舎で上官を射殺したアナーキストのマセッティの支援活動をおこない、逮捕を逃れるために、一九一四年にアメリカに亡命した。かれは、最初はクリーブランドに住んだが、一九一八年にはボストンに移り、アナーキズムの情宣活動をおこなっていた。

フェリカーニは、サッコとヴァンゼッティ救援委員会を立ち上げると、独自の調査をおこなった。かれは、ボストンの魚介卸売り店が、一九一九年一二月二〇日に一八キロのウナギが入った桶をプリマスのヴァンゼッティに送り、代金の二一・七九ドルの小切手が振り込まれていたことを突き止めた。しかし、それは証拠として取り上げられなかった。

救援委員会は、一九二〇年九月一六日、ヴァンゼッティの有罪判決にたいして、アナーキズムにたいする異端審問であるとして、抗議運動を開始した。救援委員会の活動は当初はイタリア人移民にかぎられていたが、しだいにアメリカ全土に、そして世界に広がっていくことになる。救援運動の拡大に従って、その内部で政党と市民の対立が生じることになるが、それを松本悠子は指摘している。

ヴァンゼッティの父親への手紙

チャールズタウン刑務所に収監されたヴァンゼッティは、一九二〇年一〇月一日の父親への手紙で、「良い知らせを書こうと思いながら、今日になってしまった。事態は悪い方に進み、手紙を書くことを決意した」と知らせている。続けて、「殺人罪の裁判が始まりますが、わたしは人を殺したこともなければ、人を傷つけたこともなく、ものを盗んだこともありません。かれら（判事と検事）は、すでに十字架にかけたキリストでも有罪にするでしょう」と記している。

その上で、北イタリアの小さな山村で、息子が殺人罪で逮捕されたことが知れ渡り、肩身の狭い思いをしている父親、家族を深慮して、「わたしの逮捕を隠そうとしないでください。わたしを恥ずかしがらないでください」とヴァンゼッティは書いている。

ヴァンゼッティは、自分が人種差別が根差した社会の犠牲者であり、逮捕されたことは恥ずべきことではないことを、父親に伝えたかったのであろう。家族思いのヴァンゼッティは、少しでも父親を安心させようと、同じ手紙で、刑務所の生活をユーモアを交えて次のように書いている。

今のところ、お金は必要ありません。必要になったらお知らせします。わたしはイタリアで投獄されたことはありませんが、わたしの想像で、また聞いたところによれば、アメリカの刑務所はイタリアよりはるかに整っています。それぞれが独房で、それなりのベッド、洋服ダンス、机、椅子が揃っています。九時までは電灯がついています。一日に三回の食事が出て、一日に二回、あるいは三回、暖かいスープが出ます。ひと月に三回、三ヵ月ごとに四回、手紙を書くことができます。図書館には芸術や科学の名著が所蔵されています。一日に八時間、刑務所内で働きます。

一九二一年一月三〇日の父親への手紙では、救援委員会の活動もあり、プリマスの人々は「自分を子どものように」思って刑務所を訪ね、「花、葉巻、果物、砂糖菓子などを届けてくれ」、「多くの場合は断らざるをえない」と述べている。また「ニューヨークの二〇万人近い労働者が連帯を表明している」とも記している。

ヴァンゼッティは、刑務所内の裁縫場、炭焼き場などで働き、自由時間は読書や、父、妹、支援者に手紙を書いて過ごしている。かれは、逮捕以前から多様な本を読んでいたが、刑務所で読んだものに、トルストイ、タゴール、ドストエフスキー、ルナンなどの本がある。こうしたことから、ヴァンゼッティの非暴力主義はトルストイの影響とする指摘もあるが、アナーキズムの反戦思想によるものと考えられる。ノーベル賞作家のアナトール・フランスの『ペンギンの島』を読んで、「アナトール・フランスは、人間の虚栄、偽善、愚鈍、そして残酷さを、たくみに描いている。そして宗教の無用さと、僧侶の害毒とを示している」と感想を記している。

同じ手紙で、「なんとも汚らしい」事件について述べている。それは、デダム裁判所の女性職員が、救援委員会の責任者であるフェリカーニを訪ねて、ある金額を払えばサッコは自由の身になるという話をもちかけたというものだ。彼女は、カッツマン検事の弟である弁護士とデダム裁判所の判事の命を受けたものであると告げた。交渉で五万ドルの金額を要求された救援委員会が「金を支払わなければ、サッコとヴァンゼッティは有罪になるのか」と聞くと、「もちろんです。わたしたちにすべてを委ねなければ」と彼女は答えた。弁護士はその女性を告発し、彼女は逮捕された。

また、同じ手紙で、ヴァンゼッティは、刑務所で読める新聞や救援委員会から得たイタリアの情報で、「笑わせるのはダヌンツィオだ」と述べているが、それは詩人、作家のガブリエーレ・ダヌンツィオが義勇兵部隊を組織して、一九一九年九月にフィウメを占領し、独立を宣言した事件である。

ヴァンゼッティは、一九二一年五月二四日の手紙では、心配している父親を安心させるように、「五月三一日に二回目（サウスブレイントリー強盗殺人事件）の裁判が始まるでしょう」と述べ、「この手紙の目的はわたしが無実であることをもう一度知らせるためです。わたしには有能な弁護士がおり、わたしを決して見捨てることのない勇敢で強力な人々がついています」、「この手紙が届くころには、おそらく裁判は終わって、無罪放免であることを期待しましょう」とつけ加えている。

その一方で、「この国（アメリカ）の現状が分からないでしょう。それはあなたが三〇年以上も前に賛美したアメリカではありません。世界はかつての世界ではないのです。わたしたちは悲しい時代に生きています。腐敗した時代です。権力側が死に物狂いで反対者を攻撃し、自分たちを防衛する時代です。信じられないようなことですが、驚くことはないのです。わたしが犯していないことで、二度目の有罪が下されることもあるでしょう。しかし、まあ、誤りは長く続きません。落ち着いて、信頼してください。時は正義の味方で、正しいことが証明されるでしょう」と自分自身に言い聞かせるように綴っている。

Ⅳ　二人の裁判の実体

デダムでの裁判開始

マサチューセッツ州ノーフォーク郡デダムの裁判は一九二一年五月三一日から七月一四日まで続いた。デダムはボストンの南西一キロのところにある、大農場主の裕福なワスプが住む高級住宅地である。

サッコをサウスブレイントリー強盗殺人事件の主犯、ヴァンゼッティをその共犯として裁くデダムの裁判は、ブリッジウォーター事件裁判と同じく、判事はセイヤー、検事はカッツマンであった。検事補にウィリアムズ、ケイン、アダムスが加わった。判事セイヤーは、州知事への野心をもって、サウスブレイントリー事件を速やかに解決し、手柄をあげようとしていた。

サッコの弁護士には、ヴェヒーに代わって、救援委員会の推薦で労働運動などの弁護を専門とするカリフォルニア出身のムーアがなり、かれを補佐したのがカラハン弁護士である。ヴァンゼッティには、ムーアの補佐としてマッカナルニーのエレミアとトマス兄弟がついた。労働運動関係の弁護で活躍し、社会主義者のなかでは知られていたムーアは、サッコとヴァンゼッティを支配者階層の被害者とする弁護で、ニューイングランドの保守層からは「赤」の同調者と見なされることになる。西部出身のムーアは、ニューイングランド人のプライドを逆なでするような粗野で攻撃的な行動と、肩まで届く髪とカウボーイハットをかぶった品性を欠くスタイルで、陪審員の印象を悪くし、反感を招くことになる。

サウスブレイントリー強盗殺人事件の概要

サウスブレイントリー強盗殺人事件は、一九二〇年四月一五日木曜日、ボストンの南約二〇キロのところにあるノーフォーク郡サウスブレイントリーで起こった。サウスブレイントリーは人口一万五〇〇〇人で、その住民の三分の一がライス・アンド・ハチンズ製靴会社とスレイター・アンド・モリル製靴会社で働いていた。

ボストン発のアメリカ鉄道急行会社の貨物列車がサウスブレイントリー駅に着いたのは予定より少し遅れて、四月一五日午前九時二一分であった。駅で待っていたアメリカ鉄道急行会社の職員が貨物列車に乗り込み、受取書にサインをして、現金の入った二つの布製の鞄が入った金属製の箱を受け取った。

その箱には、ライス・アンド・ハチンズ製靴会社とスレイター・アンド・モリル製靴会社の従業員に支払う週給が入っていた。その年の一月までは現金輸送は水曜日であったが、銀行強盗や製靴会社の金庫を襲う事件が頻発していたことから、強盗予防のために一日遅らせて木曜日に、時間も変更していた。

アメリカ鉄道急行会社の職員二人は、五〇メートルほど離れた西側にあるスレイター・アンド・モリル製靴会社の建物に、金属製の箱を荷馬車にのせて運んだ。建物の一階はアメリカ鉄道急行会社事務所で、二階にはスレイター・アンド・モリル製靴会社の事務所があった。

スレイター・アンド・モリル製靴会社の会計主任パーメンターと警備員ベラルデッリは、午後三時ごろ、五〇〇袋に小分けした現金約一万五七七六ドルが入った木箱を手にもって、スレイター・アンド・モリル製靴会社から二〇〇メートルほど離れた工場に向かった。

会計主任パーメンターが先に歩き、銃を携帯した警備員ベラルデッリが後ろを防御して続いた。それぞれが現金の入った箱を手にもった二人はサウスブレイントリーの主要通りであるパール通りを曲がり、鉄道を渡って、スレイター・アンド・モリル製靴会社の工場に近づいていた。

二人の歩きに合わせるように、パール通りのライス・アンド・ハチンズ製靴会社の前に留まっていた乗用車がゆっくりと移動し始めた。車には運転手と後ろの席に一人の男が乗っていた。ライス・アンド・ハチンズ製靴会社の柵に寄りかかっていた二人の男が会計係と警備員に向かってゆっくりと歩き始め、帽子をかぶった男が警備員ベラルデッリに近寄り、銃を発射した。

その男は、膝をつくように倒れた警備員ベラルデッリに至近距離で二発を撃ちこんだ。もう一人の男が、驚いて逃げようとした会計主任パーメンターにピストルを二発撃った。隠れていた見張り役の男が現れ、会計主任と警備員が投げ出した金の入った二つの木箱を車に投げ入れ、全員が車に飛び乗った。

鉄道の踏切はブロックトン行の汽車が通過するために降りていた。強盗の一人が車のなかから踏切番のレヴァンジーに、ピストルを向けて、「踏切を上げろ」と叫ぶと、恐怖に慄いたレヴァンジーは踏切を上げた。車は、踏切でバウンドして通過すると、スピードを上げて、パール通りを西に逃走した。

サウスブレイントリー警察署長が到着した現場は阿鼻叫喚の場となっており、集まった人々が一斉に話し始めた。車は二台であったと言う者。違う、一台だったと言う者。車は黒のビュイック社のものと言う者。違う、緑のセダン型であったと言う者。八発から一三発が撃たれたと言う者。ギャングは二人だった、いや三人だった、いや五人だったと、現場に集まった人々は言い連ねた。発砲した男は浅黒い肌で、ブロンドの、つばのついた帽子をかぶっていたと言う者。車を運転していた男は、口髭をはやしていたと言う者。とんでもない、髭はなかったと言う者。ギャングの一人は灰色の服を着ていたと言う者。違う違う、黒だったと言う者。収拾のつかない混乱状態であった。

警察が確認できたのは、次のようなことであった。自動車は一台で、黒っぽい色で、ビュイック社のものであったこと。強盗は全部で五人。そのなかに、痩せた背の低い、青白い、スラブ系と思われる男が一人いた。もう一人は口髭のある、背が低く肩幅の広い、薄黒い肌の男だった。ベラルデッリを襲ったのはつばのついた帽子をかぶった男だった。

サウスブレイントリー強盗殺人事件は地方紙に小さく報道された。このような事件が頻発していたので、サウスブレイントリーでは二人の死者が出た事件に人々は慣れっこになって、気に留める人もいなかった。

裁判開始に先立って、判事セイヤーは、陪審員の候補者を五〇〇人リストアップしたが、それに応じたのは七名であった。その理由は、イタリア人の裁判の陪審員となることで、「マーノ・ネーラ」の報復を恐れ、多くがかかわりを避けたと言われる。判事セイヤーは、さらに二〇〇人近い候補者にあたり、規定の人数である一二名の陪審員を確保した。陪審員のすべてが白人で、愛国心の強い、保守的な東部人であった。

陪審員の責任者となったのは退役警官で、倉庫会社の社長ワルター・R・リプリーで、熱烈な愛国者であった。リプリーは、裁判開始前に友人からサッコとヴァンゼッティの起訴は問題があるようなので慎重にした方がよいとアドヴァイスを受けたが、「かれらは呪われたもので、絞首刑にするべきだ」と答えたという。

現場に残された物的証拠

検察側の証拠品として、警備員ベラルデッリの死体の近くに落ちていた帽子が、サッコが仕事場でかぶっていたものとして提出された。証拠品の帽子をサッコにかぶらせたが、かれには小さすぎることが判明した。サッコの雇い主のマイケル・ケリーも、路上に残された犯人のものとされる帽子は、サッコのものとは色も異なり、似ていないと証言した。

検察側は、二人の遺体から摘出した銃弾を証拠品として提出した。検事カッツマンは、銃弾鑑識官プロクターに、ベラルデッリの遺体から摘出されたものについて、次のように質問している。

問（検事カッツマン）（サッコのコルトから発射されたという）弾丸が証拠品のコルトから発射されたかどうかについて、意見をおもちですか。

答（鑑識官プロクター）はい、もっています。

問　どのようなご意見ですか

答　弾丸がそのピストルから発射されたこともあり得ると思います。

鑑識官プロクターの証言は、ベラルデッリの遺体から摘出された銃弾が、サッコのコルトから発射されたものであるかのような印象を陪審員に与え、サッコにはきわめて不利なものであった。サッコが所持し、撃ったとされるコルトは、当時アメリカでは三〇万丁以上が出回っていた。さらに、死体から摘出された銃弾を、押収されていたサッコのコルトを新たに撃って得た弾とすり替えることもできた。検察として、社会を混乱させる移民労働者を有罪にすることは容易いことであった。

検察側の証言者

検察側の目撃証人は五九人であった。そのなかで、詳細を極める証言をおこなったのが、スレイター・アンド・モリル製靴会社の会計係メリー・E・スプレーンである。

スプレーンは、予備審問で、サッコとヴァンゼッティを強盗の犯人ではないと述べていた。ところが、スプレーンは、デダムの法廷では、スレイター・アンド・モリル製靴工場二階の南東の角にある事務所の窓から見た逃走する車の後部座席に座っていたのがサッコであると証言した。事務所の窓から事件現場まで六〇フィート（一八・二八メートル）離れており、車は時速一五～一八マイル（二四～三〇キロ）の速さで逃走していた。目撃したのは数秒にすぎない。それだけではなく、スプレーンは、裁判でサッコの手の大きさ、髪の毛が二～二インチ半（五～七センチ）であったと身体的特徴まで証言した。

問（検事カッツマン）　あなたはその男の特徴を陪審員に語ることができますか。

答（スプレーン）　できます。その男はわたしよりほんの少し上背がありました。体重は一四〇ポンド（六三キロ）から一四五ポンド（六五キロ）前後だと思いました。とくにかれの左手は大きく、よい形をしていました。薄汚れた灰色のスーツを着ていました。容貌は整った顔立ちと言えます。

検事カッツマンは、被告席のサッコに指をさしながら、スプレーンにたずねた。

問　いま、被告席にいる男性は、一年前に見た男と同じですか？
答　そうです。同じ男です。
問　確かですね？
答　そうです。

と、スプレーンは力を込めて断言した。

スプレーンは、およそ一年前の、それも数秒間見ただけの人物について、サッコを犯人と証言したのである。弁護士ウィリアム・カラハンは、スプレーンに次のような反対尋問をおこなった。

問（弁護士カラハン）　予備審問で、あなたは、被告をよく見ることはできなかったと述べています。被告を十分に観察することができなかったことを認めながら、何を言いたいのですか、丁寧に説明してくださいますか。

答　そのとき、車は通り過ぎていったということです。

問　強盗の車がスピードをあげて通り過ぎていき、あなたはその男をはっきりと観察するだけの十分な時間はなかったので、その男であったと言えない、と仰りたいのですか？

答　それを言いたかったのです。

問　その男を見たのは、そのときだけですね。

答　そうです。

問　あなたは、車で走り去るときの一瞬だけで、その他のところではその男を見ていないのですね？

答　そのときのことだけを覚えています。

その後、スプレーンは、予備尋問と異なる内容の証言をしたことについて、速記の誤りであると述べた。最終的な証言供述書で、スプレーンは、逃走する車の後部座席に座っていたのはサッコであったと繰り返した。

このスプレーンの証言は、サッコを死刑とする有力な証言となった。その証言について、戒能道孝は、ハーバード大学の心理学教授プリンスが「疑いもなく心理学的に不可能である、と断言する」と述べていることを紹介している。戒能は、「ミス・スプレーンはいかにしてサッコの身体的特徴を知るにいたったのであろうか。答えは簡単である。サッコは数回にわたって彼女に会わされ、彼女は彼を詳細に研究する機会を与えられていたのである」と述べている。

くわえて、戒能は「もしサッコがイタリア人でなく、無政府主義者でもなく、陪審員の構成が他の人であったとしたら、これは反対に彼をして無罪にならしめる理由になったかも知れない」とも述べている。さらに、戒能は、弁護人がプリンス教授のような「専門家の意見を求めなかったのは、一つの失敗であったかも知れない」とも述べている。

二番目の目撃証人は、スプレーンの同僚で、スレイター・アンド・モリル製靴会社の会計係のフランシス・J・デヴリンである。彼女は、予備審問において、現金の入った二つの木箱をもった会計係と警備員が会社を出ていくのを見た後に、銃声を聞いて、二階の窓から、パール通りを走り抜ける車の後部座席の窓から、強盗の一人が建物に銃を向けているのを見たが、その男はサッコに似ていると述べていた。一年後のデダムの法廷で、彼女は、車のなかの男はサッコであったと断言した。

三番目の目撃証人は、スレイター・アンド・モリル製靴会社に隣接したライス・アンド・ハチンズ製靴会社に勤めるルイス・ペルサーである。かれは、銃声を聞いてすぐに建物の一階の窓から、警備員に向けて強盗が銃を撃つのを目撃し、その男がサッコに似ていると証言した。かれは、検事補ハロルド・ウィリアムズの尋問に次のように答えている。

問（ウィリアムズ）　ペルサーさん、あなたは窓際にどのくらいいましたか？
答（ペルサー）　まあ、おおよそ、一分です。
問　その間に、何をしましたか？
答　そのときに起こったことをすべて見ました。
問　この法廷で、その日に可哀そうなベラルデッリを撃った人物を識別することができますか？
答　まあ、かれであるとは言えませんが、顔かたちから（と言って、サッコを指さした）。
問　あなたは、その男を事件の日からなんども見ていますか？
答　いいえ。
問　あなたは、かれであるとは言えないけれど、かれの顔かたちからと言いましたね、それはどういうことですか？
答　同じ顔つきということです。

しかし、ペルサーの同僚たちは、銃声が響いたとき、かれは机の下に潜り込んでいたと話した。ペルサーは、証言の内容をなんども変えるので、弁護側はかれの証言は信憑性に欠けているとした。

四番目の目撃証人は、踏切番のレヴァンジーである。かれは、踏切を上げるように指示した車を運転していた人物は、肌の浅黒い、口髭をたくわえたヴァンゼッティであると証言した。ところが、検事カッツマンがヴァンゼッティに「車の運転はできますか」とたずねると、ヴァンゼッティは「できない」と答えている。

五番目の、ライス・アンド・ハチンズ製靴工場の柵に寄りかかった外国人風の二人の男を見たと証言したアルバート・フランテッロに、検事カッツマンは、その二人は口髭があったか、帽子をかぶっていたかなどを聞いた後、次のようなやり取りをしている。

問　あなたが見た男たちの国籍は何であると思いましたか。
答　かれらがどこの国の人であるか言えません。
問　なぜですか。
答　分からないからです。

問　あなたは、ワップがどのような民族を意味するのか知っていますね。
答　もちろんです。
問　どんな国民ですか。
答　イタリア人です。

ちなみに、ワップとは、南ヨーロッパの、とくに南イタリアからの皮膚の色が浅黒い移民をさす軽蔑的な言葉であった。

否定された二人のアリバイ

サッコとヴァンゼッティには、サウスブレイントリー強盗殺人事件の起こった一九二〇年四月一五日のアリバイがあった。サッコは母が亡くなったことで、アメリカの生活を切り上げて、家族とともにイタリアに戻る準備していた。そのために、彼は、サウスブレイントリー強盗殺人事件が起きた四月一五日は会社を休み、旅券の申請でボストンのイタリア領事館に行っていた。

イタリア人移民の大工リッチは、四月一五日の朝、七時半ごろに、ストートン駅のホームでボストン行の汽車に乗ろうとしていたサッコに会ったと証言した。その他にも、ストートン駅で当日の朝にサッコを見かけた者、当日の夕方ボストン駅からストートン駅まで同じ汽車に乗り合わせた者も証言した。

サッコに応対したボストンのイタリア領事館員は、かれが四月初旬に大きな家族写真をもって査証の申請にきたが、四月一五日二時一五分に査証用の写真をもって領事館に出直してきたことを記憶していると証言した。しかし、イタリア人の知人たちの証言も、イタリア領事館員の証言も、証言者がイタリア人であり、同胞をかばうものとして、アリバイは認められなかった。

他方、ヴァンゼッティは、事件当日の四月一五日、プリマスで手押し車に魚をのせて、売り歩いていた。そのヴァンゼッティを見かけたと証言する者が複数いた。ヴァンゼッティは、魚屋が来たことを知らせる鐘をならしながら、町を通るイタリア人とおしゃべりしたりしていた。かれのアリバイを、四月一五日にプリマスでかれから魚を買ったイタリア人などが証言した。

その一人の布地の行商をしていたジョゼフ・ローゼンは、四月一五日にプリマスのチェリー通りでヴァンゼッティに出会い、背広をつくるのに十分なブルーの布地を一二ドル近くで売ったと証言している。もう一人は、絨毯を織る職人のアンジェロ・グイドボーノで、ヴァンゼッティからタラを買ったと証言した。しかし、ヴァンゼッティの場合も、証言者がすべてイタリア人であったことで、アリバイは認められなかった。

父親に書いた一九二一年六月の日付のない手紙で、ヴァンゼッティは「裁判はまだ終わっていませんが、弁護士は一週間から二週間で終わると言っています。状況は良い方に向かっているように思えます。わたしは無実であり、全力で戦います」と伝えている。

これ以降、ヴァンゼッティは父親への手紙は少なくなり、もっぱら妹ルイジーナに書くようになる。おそらく、息子が強盗殺人罪で裁判を受けていることが村でも知れ渡り、肩身の狭い思いの年老いた父親を思いやり、妹のルイジーナを通じて、裁判の経過や救援運動を知らせようとヴァンゼッティは考えたのであろう。

デダムでのヴァンゼッティの陳述

一九二一年七月五日、午前九時、弁護士マッカナルニーは、ヴァンゼッティへの質問を開始した。黒いスーツに、白ワイシャツを着て、蝶ネクタイをしたヴァンゼッティは宣誓をおこない、五月五日の逮捕されたときのことを詳しく語った。サッコとともに、ジョンソン自動車修理工場に車の引き取りに出かけたのは、「赤への恐怖」が蔓延し、アナーキストが国外追放となっていたことで、サッコの家にある書物や政治宣伝の文書を車で運び出すためであった。

ヴァンゼッティは、二人が逮捕されたときに、嘘の証言をおこなったことの理由を述べた。それは、警察でアナーキストの仲間や友人の名前と住所を言わされ、かれらが逮捕あるいは国外追放となり、またサルセードのような結末になることを恐れたからであった。徴兵を逃れ、メキシコに逃亡したことについて、ヴァンゼッティは、たとえイタリアにいたとしても戦争を忌避し、逃亡したと述べた。

検事カッツマンのサッコへの尋問

サッコは、ヴァンゼッティと同様に、黒っぽいスーツに、白のワイシャツに蝶ネクタイ姿で、デダムの法廷に立った。サッコは、ヴァンゼッティのように多くの手紙を残しておらず、自叙伝も書いていないので、長くなるが、かれが法廷で語った生い立ち、アメリカでの生活、政治信条などを紹介することとする。

図版８　1927年8月23日の処刑の数日前に撮られたヴァンゼッティの最後の写真

検事カッツマンは、徴兵を逃れるためにメキシコに逃避したことを執拗にサッコに尋問しているが、それは逮捕の容疑である強盗殺人事件とはまったく関係のない、かれのアメリカにたいする忠誠心、愛国心にかかわるものであった。愛国心のない、アナーキストのサッコというイメージを陪審員に与えることで、「赤への恐怖」を煽り、評決を有罪に誘導する、検事カッツマンの意図があった。検事カッツマンの英語の尋問を正確に理解できなかったサッコの的外れな返答がしばしば見られ、それが検事を苛つかせている。

問（検事カッツマン） あなたは何年にイタリアを出たのですか。
答（サッコ） 一九〇八年です。
問 なぜアメリカに来たのですか、その理由は何ですか。
答 わたしは自由な国が好きだし、そんな国に行ってみたかったからです。
問 そのとき、あなたは何歳でしたか。
答 一七歳でした。
問 あなたは自由な国を愛すると言いましたね。
答 はい、そうです。
問 一九一七年五月、あなたはこの国が好きだったのですね。
答 わたしは言えません、カッツマンさん、もしその機会を頂ければ、説明できます。
問 質問は理解できましたか？
答 はい。

問　それでは、それに答えてください。
答　一言では答えられません。
問　最初の徴募に応ずる日の一週間前にアメリカ合衆国を愛していたかどうかを言えないのですか？
答　一言で言えないのです。カッツマンさん。
問　あなたは国を愛するか、愛さないか、陪審員に言えないのですか？
弁護士（ムーア）　この質問に、異議あり！
答　わたしはそれを説明できます、はい、もしわたしが愛していた――
問　何ですか？
答　わたしは説明できます、愛していたかどうか、機会を頂ければ。
弁護士（ムーア）　異議あり！
判事（セイヤー）　何を言いたいのですか？
弁護士（ムーア）　若い人に心構えの機会を与えずに、その質問を繰り返すことに反対です。

図版9　サッコ

判事　質問はイエスかノーかではっきりと答えることができる場合は、そのように答えるべきである。説明は後におこなわれる。前例がないわけではない。
問　あなたは、一九一七年五月の最後の週にはアメリカが好きだったのですか。
答　これは、わたしにはかなり難しく一言では答えられません、カッツマンさん。
問　サッコさん、イエスかノーの二つの言葉を使えるのです。その一つは何ですか。
答　イエスです。
問　そして、アメリカ合衆国が兵士となることを求めたときに、あなたはアメリカにたいする愛を示すために、メキシコに逃げたのですね。あなたが愛したその国の兵士になるのを避けてメキシコに行ったのですね。
答　そうです。
問　あなたは偽名で行きましたか？
答　いいえ。
問　モスマコテッリという名前を使ったのではないですか。
答　そうです。
問　それはあなたの名前ではありませんね。
答　ありません。

問　いつまであなたはモスマコテッツリという名前を使っていたのですか。
答　ケリーさんの職場に戻るまでです。
問　それはいつのことですか。
答　休戦のときです。
問　戦争が事実上終わった後ですね？
答　そうです。
問　あなたが徴募を避けた理由は何ですか。
答　軍隊に入りたくなかったからです。
問　軍隊に取られるのを避けるためですね。
答　他の理由として、逮捕され、一年間刑務所で過ごしたくなかったからです。
問　徴募を逃れて逮捕され、一年間刑務所で過ごしたくなかったのですね。そうですね。
答　そうです。
問　メキシコから戻ったときに、あなたは国を愛していましたか。
答　最初ですか？
判事（セイヤー）　あなたはどの国のことを言っているのですか？
問　アメリカ合衆国、あなたが移り住んだ国のことです。

答　わたしはまだ質問に答えていません。
問　わたしがたずねたのはあなたが戻ったときのことです。
答　三ヵ月で考えが変わるとは思いません。
問　あなたは今もアメリカを愛していますか？
答　はいと言えます。
問　それがこの国にたいする愛を示すというあなたの考えですか？
答　そうです。
問　妻があなたを必要としていたときに、あなたは彼女から逃げたということは、妻にたいするあなたの愛を示すというのですか？
答　わたしは逃げたのではありません。
弁護士（ムーア）　異議あり。
答　わたしは彼女が必要だったから戻ってきました。
判事　かれは答えましたね。信じたことを簡潔に、それで結構です。
問　妻が必要としたときに彼女から逃げたことが、妻にたいするあなたの愛ということですか。
弁護士（エレミア・マッカナルニー）　すみません、それについて異議申し立てをしたいのですが。

判事　異議を却下します。かれは逃げたということを認めないのです。

問　それでは、質問します、あなたは合衆国のための兵士になることを避けるためにミルフォードから逃げたのではないのですね？

答　わたしは逃げていません。

問　あなたは歩いていったと言いたいのですか？

答　そうです。

問　あなたは戦争を信じないのですか？

答　信じません。

問　あなたのしたことは卑怯なことだと思わないのですか？

答　思いません。

問　それでは、あなたの行動は勇気あることだったと思うのですか。

答　そうです。

問　奥さんから去ることも勇気あることだと思うのですね。

答　思いません。

問　奥さんが必要なときには？

答　ノーです。

検事カッツマンはアメリカの生活に尋問の内容を変えた。

問　あなたがこの国に来たときの最初の稼ぎは、賃金はいくらでしたか。
答　賃金ですか？
問　賃金、お金、給料ですよ。
答　去る前に得ていた額ですか？
問　あなたがこの国に来たときです。
答　一・五ドルです。
問　日給ですか。
答　そうです。
問　あなたがスリー・ケイ製靴工場で働き始めたときはいくらでしたか。
答　働きによって違いますが、時には六〇、五〇、七〇、八〇、四〇、三〇、二五、三五ドルです。
問　それはこの国に来て八年目のことですか。
答　七年後かな、違います、一二年後でした。

問　一九〇八年でしたね。お詫びします、わたしの間違いでした、サッコさん、わたしは
　そうではないと思います。それは一三年ではないですか。
答　そうです。
問　あなたがこの国に来たときからです。
答　そうです。
問　一日一ドル一五セントから五ドル、良いですね。
答　はい。
問　あなたの子どもはこの国で生まれたのですね。
答　はい。
問　あなたはこの国で結婚したのですね。
答　そうです。
問　イタリアは自由な国ですか、共和国ですか。
答　そうです。共和国です。（注　イタリアは一九四六年まで君主国であった）
問　あなたは自由な国を愛すると言いましたね。
答　そう言いました。
問　なぜあなたはメキシコに留まらなかったのですか。

答　まず第一に、そこでは仕事を得ることができなかったからです。何の仕事もなかったからです。

問　メキシコ人はつるはしやシャベルで働いていたのではないですか。

答　はい。

問　その国で、つるはしやシャベルで働かなかったのですね。

答　働きました。

問　なぜあなたはそこに留まらなかったのですか、その自由な国に、つるはしやシャベルで働いて。

答　わたしはメキシコでつるはしやシャベルで仕事を覚えようとは思ってはいませんでした。

問　では、アメリカを愛するというのは週給が高いからということですか。

答　より良い条件、その通りです。

問　それは、この国で稼げるお金の額と釣り合ったアメリカ合衆国にたいするあなたの愛ということですね。

答　そうです、良い条件です。

問　サッコさん、あなたがこの国を愛する程度というのは、ドルとセントで測られるということですね。

弁護士（エレミア・マッカナルニー）　異議あり！　こんな特別な質問に反対します。

問　この国へのあなたの愛は、ここで稼ぐことができるお金の額で測られるということですね。

答　わたしはお金は愛したことはありません。

問　あなたがお金を愛していないとしたら、なぜメキシコから帰ってきたのですか。

答　まずわたしの性分に合いませんでした。食べ物も合わず、その他のいろいろなものがわたしには合いませんでした。

問　あなたは四ヵ月メキシコにいましたね。

答　いいえ、三ヵ月です。

続いて、検事カッツマンは、メキシコとイタリアの食べ物についての質問に変えた。

問　あなたはアメリカに戻ってきたのは胃（食べ物）のためだと言いましたね。

答　いいえ、食べ物だけではありません。他に理由があります。

問　二番目の理由は何ですか。

答　二番目の理由はわたしにはなじみのない、言葉のためです。
問　知らない言葉ということですか。
答　そうです。
問　向こうでは、イタリア人の住む地域にいたのではないですか。
答　わたしはそこに入ることができませんでした。カッツマンさん。
問　あなたが一九〇八年にアメリカに来たとき、英語が分かりましたか。
答　いいえ。
問　ここでも、なじみのない言葉だったのですね。
答　そうです。
問　三番目の理由は何ですか。もしあるとすれば。
答　妻と子どもと離れていたことです。
問　二人を呼び寄せることはできなかったのですか。
答　わたしはこの国に早く戻るつもりでいたので、それはしませんでした。
問　戻るつもりだったのは分かっています。今あなたはここにいるのですから。わたしがお聞きしているのは、夫人と息子さんを向こうへ呼び寄せるという手もあったのではないですか、ということです。

答　極貧の、劣悪な状態でした。アメリカ国内に入ることもできないのに、二人を迎えに来られるはずがないでしょう。

問　つまりあなたとしては、夫人と息子さんと一緒に向こうで暮らしてもよかった、ということですね。

答　そうです。

問　あなたはこの国に戻ることを選んだのですね。

答　そうです。

問　でも、あなたはモスマコテッリの名前で、休戦条約が締結されるまで留まることを選んだのではないですか?

答　そうです。

問　ところで、あなたがアメリカ合衆国を愛するこれらの三つの理由以外に何かありますか?

答　うまく、わたしは言えません。この三つの他に、他の国民よりは、より勤勉に働くものにとって、欲するものを得るチャンスがあります。また、多くの産業が労働者階級により多くのチャンスを与えてくれると、わたしは思います。

問　より多く稼げると言いたいのですね。

答　そうではありません、お金ではないのです、お金を愛したことは一度もありません。
問　今まで一度も好きになったことはないのですか。
答　そうです。お金で満足したことはありません。
問　お金があなたを満足させることはないのですね。
答　そうです。
問　大金を儲けるチャンスがなくても、ここにいたいという経済的状態とは何ですか。
答　カッツマンさん、人間は、空腹を満たすためだけにお金を求めているのではないのです。
問　何のためですか？
答　胃のためと、言いたいのです。
問　胃の話は終わりました。今はお金の話をしているのです。
答　たくさん言いたいことがあります。
問　よろしい、すべてを言いなさい。あなたはアメリカを愛してはいたけれど、アメリカが戦争をしていたときにはメキシコに避難していましたね。
答　そうです。
問　戻ってきた理由をすべて聞かせてください。

答　それはすでにお話ししました。

問　今お聞きしたもので全部ですか。

答　そうです。産業は多くのものを変えます。

問　食べ物が合わなかったことが一つ目の理由ですね。

答　そうです。

問　外国語が二つ目ですか。

答　そうです。

問　あなたの奥さんと子どもが三番目ですか。

答　そうです。

問　四つ目が産業。

答　そうです。

問　これですべてですか。

答　そうです。

問　この四つの理由のなかに国への愛がありますか。

答　あります。

問　どれが国への愛ですか。

答　全部です。
問　全部？
答　そうです。
問　食べ物、奥さん、言葉、産業の全部ですか？
答　そうです。
問　それが国への愛ですか、それが？　国が兵士を必要としているときにただ傍観することが、国への愛の証ですか？

サッコは、検事カッツマンの悪意ある尋問の意図するところを理解できないまま、ぎこちない英語で社会正義にもとづいて真剣に返答した。弁護士、検事、判事の間で、質問の内容の可否について議論が続いた後に、検事カッツマンは次のように言った。

問　あなたは自由な国を愛すると言いましたが、それは何を意味していますか。
答　わたしがこの国に来て初めて――
問　申し訳ない、あなたが自由な国を愛していると言ったことの意味です。
答　それを説明するチャンスをください。

問　今、わたしがあなたに求めていることです。

検事カッツマンは、自由なアメリカについて話すことをサッコに認めた。しかし、つたない英語で、長時間にわたるサッコの陳述は、保守的な判事だけでなく愛国的な陪審員の感情をも逆なでし、サッコをきわめて不利な立場に追い込むことになる。サッコは、イタリアにいたころのことから話し始めた。

わたしがイタリアにいたとき、まったくの子どもでしたが、共和主義者でした。いつの日か家庭をもったら、子どもを奮起させ、教育し、発展させるチャンスが多くあるものと共和国を考えていました。それがわたしの考えでした。そのように考えて、この国に来ましたが、わたしは考えていたこととは違うということに気がつきました。

イタリアではこの国のように厳しい労働ではありませんでした。イタリアで働きましたが、この国よりは楽でした。そこでは本当に自由に生きることができたのです。同じ条件のもとで、一日七時間あるいは八時間働けばよく、決して大変ではなかったし、食事もよかった。わたしは健康でした。もちろん、この国の食事もいいです。大きな国ですから。でも、それは使えるお金がたくさんある人だけで、働いている階級のことではありません。

イタリアでは労働者は新鮮な野菜をたくさん食べることができます。

わたしはこの国に来て、一生懸命に働きました。一三年間働きましたが、厳しい仕事をしているわたしには、思ったように家族を楽にしてあげられない。銀行に貯金もできないし、子どもを学校に通わせることもできない。

わたしは一緒にいる人たちに教えました。自由の理念は自分の考えを公言するチャンスを人々に与えることであると。わたしは知性と教養のある立派な人たちに会った。かれらは逮捕され、刑務所に送られ何年も出獄することなく、刑務所で亡くなった。この国で最も偉大な人物の一人であるデブス（Eugene Victor Debs フランス移民の子どもで、鉄道機関士となり、アメリカ鉄道組合を組織し、アメリカ社会党から大統領に立候補した）は刑務所に入ったままです。かれが社会主義者であったからです。

かれは労働者たちが良い条件で、良い生活と教育を受けられることを望んでいるのです。いつの日かチャンスがあれば子どもたちも後押しできるようになってほしいと思っていた。しかしかれは刑務所に入れられてしまいました。なぜなのか。資本家たちはそのようなかれを憎んでいるからです。資本家たちは労働者の子どもが高校や、カレッジや、ハーバード大学に入るのを嫌がっているのです。かれらは労働者をつねに低い位置において、頭が上がらないようにしたがっているのです。

ロックフェラーやモルガンたちは五〇万ドルもの金をハーバード大学に、他の学校に一〇〇万ドルを寄付しています。ロックフェラーは偉大な人で、この国で最高の人と誰もが言います。ハーバード大学には誰が行くのかとわたしはかれにたずねたいのです。ロックフェラーが寄付する何百万ドルは、労働者たちにどのような利益があるのか。週に二一ドル、三〇ドルを稼ぐ貧しい階層は、ハーバード大学に入るチャンスがないのです。

サッコは、アメリカにおける厳しい生活、不平等な社会について、堰を切ったように、思いの丈を、つたない英語で語った。それを、ハーバード大学に象徴されるボストンの知的環境に誇りをもつ陪審員の多くは苦々しく聞いていたことであろう。検事カッツマンは、サッコにたいする有罪評決を陪審員に促すために、思い通りに進んでいると考えていたことであろう。続けて、サッコは反戦思想を述べた。

わたしは銃をもって戦うことを望まないし、青年たちを殺すことも望みません。母親は若者を育てるのに苦労した。いつの日か、母親は少し多くパンが必要になるでしょう。母親が少し多くパンを得るようになり、息子が稼ぎ始めると、ロックフェラーやモルガン、そして他の上流階級の人たちは、青年を戦争に送るのです。なぜか？　戦争とは何か。戦争は、アブラハム・リンカーンのように、自由な国家のために、より良い教育のために戦うものです。白人だけでなく、黒人やその他の人々にチャンスを与えるためのものです。かれらも人間であることを知っており、信じていたからです。しかし、今の戦争は大金持ちの戦争です。人々を文明化する戦争でもありません。

それは、ある人たちを大儲けさせる、ビジネスのための戦争です。わたしたちは殺し合ういかなる権利をもっているのでしょうか？　わたしはアイルランド人のために働き、ドイツ人の会社でフランス人や、その他の多くの人種とともに働きました。わたしは、妻を、子どもたちを愛するようにかれらを愛しています。なぜなら、かれらはわたしを受け入れてくれた人々だからです。なぜ、こうした人々を殺すために戦争に行かねばならないのでしょうか。かれらはわたしに何をしたというのですか。かれらはわたしに何もしていません。わたしが戦争を信じないのはそのためです。わたしは武器を破壊してしまいたいのです。

イタリアの政府は読み書きを教え、わたしたちに教育をほどこしました。遠い昔のことですが、多分六〇年前、そうです、六〇年前のことです、イタリアの政府は秩序を維持することができず、悪行や窃盗が横行したとき、大臣の一人が、「この悪行を鎮圧し、この窃盗を減らそうと思うなら、かれらに社会主義の出版物を与え、民衆教育を拡大し、かれらの解放につとめなさい」と言いました。
このことが、わたしが政府を打倒する理由です。このことが、わたしが社会主義者を愛する理由です。このことが、より良い生活と教育を欲する人々、自らの力を出し切って良い市民であろうとする人々をわたしが愛する理由です。これがすべてです。

その後、検事カッツマンは、イタリアにいたころの方が労働時間は短く、仕事も楽で、「新鮮な野菜」が食べられたというサッコの言葉を取り上げて、なぜ「生まれ故郷」のイタリアに戻らないのか迫っている。これにたいして、サッコはアメリカで生活を立てていて、簡単に帰れないと答えた。
お金がないものは、子どもをハーバード大学に行かせられないと言ったことについて、検事カッツマンは、「ハーバード大学はアメリカ合衆国の他の大学よりは多くの、貧しく、自由な人々の子どもを教育していることを知らないのですか」とサッコに問うた。その上で、検事カッツマンは、サッコに次のように述べた。

現実をほとんど知らないで、あなたはハーバード大学が金持ちの大学のように非難するのですか？　あなたはハーバード大学を非難したいのですか？　あなたはお金持ちが奨学金も得ることなくハーバードに行けると言いたいのですか？

その上で、検事カッツマンは、「あなたの子どもはパブリックスクールに通っていますか？」「授業料を払いませんね？」「あなたの子どもが通うような学校がイタリアにありますか？」「ボストンのどれだけ多くの子どもたちがパブリックスクールで教育を受けているのか知っていますか？」「一〇万人の子どもたちが学校に行けないことを知っていますか？」と立て続けにサッコに問うた。

これにたいして弁護士（エレミア・マッカナルニー）が異議申し立てをおこなっている最中に、サッコは「何百人の人がそこに行けないのを知っている」と言ってしまった。弁護士は、あわてて、「待ってください、異議申し立てをしているときは答えないでください」とサッコの発言を制した。サッコの不規則発言に検事が虚を突かれ、批判されたと感じたことは否めないであろう。もちろん、陪審員のサッコにたいする印象は良いものではなかったと思われる。

検事カッツマンは、内容を変えて、まさに真綿で首を絞めるように、刑事事件ではなく、アナーキストとしてのサッコにかかわる尋問を矢継ぎ早におこなった。

「あなたの家に、（逮捕された）五月五日に、チラシや本がありましたか？」「それは英語で書かれていましたか？」「それらはこの国あるいはイタリアで印刷されたものですか？」「どのような内容の印刷物ですか?」「それらはどこで印刷されたものですか?」「英語ですか、イタリア語ですか?」「その他に、あなたの家にはどのような印刷物がありましたか?」『クローナカ・ソヴェルシーヴァ』ですか?」「社会主義の印刷物ですか?」「アナーキズムの印刷物ですか?」「どのくらいありましたか?」「あなたはそれらの本などを手助けなしに、手にもって、三回か四回で運び出せましたか?」と。

サッコの「社会主義者、民主主義者、アナーキストなどの情報と書物のすべてです」という返答を受けて、検事カッツマンは、次の尋問をした。

問　ボルシェビズムもですか?

答　ボルシェビズムの意味が分かりません。

問　ソヴィエトですか?

答　ソヴィエトの意味が分かりません。

問　コミュニズムですか?

答　はい、天文学astronomyに関するものもあります。

問　わたしはあなたがもっていたものを聞いているのではありません。あなたは天文学の本を誰かにもっていかれることを恐れていたのではないでしょう? 算数あるいは習字の本ももっていかれることはない。あなたは奥さんの料理の本を警察が没収すると考えたのですか?

英語が理解できない、社会主義思想にも精通していなかったサッコを馬鹿にして嘲笑するかのような一連の尋問には、強盗殺人事件の解明ではなく、陪審員に「赤への恐怖」を煽り、有罪にもちこむ検事カッツマンの意図が見られる。

アメリカ社会で差別されたイタリア人の移民労働者として、低賃金の厳しい生活のなかで生まれた純朴なサッコの社会正義の陳述は、ロックフェラーに代表されるアメリカ経済を誇りとするボストン人の陪審員を傷つけた。移民として受け入れられたアメリカへの感謝の念もなく、愛国心もなく、戦争を忌避し、政府の転覆を企てるアナーキストであるサッコは、ヴァンゼッティとともに、排除すべき存在という印象を陪審員に与えてしまった。それこそ、サッコとヴァンゼッティを「赤への恐怖」のスケープゴートにしようとする判事セイヤーと検事カッツマンの思うつぼであった。

二人に第一級殺人の死刑判決

裁判は三ヵ月以上に及んだ。陪審員の評決を前に、検事カッツマンは「陪審員のみなさま、みなさんの義務を履行してください。それを人間としておこなってください。ノーフォーク郡の結束した市民であってください」と述べた。判事セイヤーは、「マサチューセッツ州は、最も重要な奉仕をみなさまにお願いしました。この奉仕が困難で苦しいものであることを理解した上で、真の兵士のようにアメリカの最高の忠誠心をもって応えてください。英語には、忠誠心以上に高貴な言葉はありません」と述べた。検事カッツマンも、判事セイヤーも、陪審員にアメリカへの愛国心を訴え、アメリカ人として判断することを求めた。弁護士エレミア・マッカナルニーは、法廷の二人の被告にたいする敵対的な雰囲気を考慮して、「あなたがたにお願いしたいのは、この二人の被告を、あなたがたのそれぞれが、自分の兄弟にするように、遇していただきたい」と陪審員に述べた。

一九二一年七月一四日、一九時五五分、七時間の協議を経て、陪審員長リプリーは、陪審員の評決を読み上げた。

「ニコーラ・サッコ、第一級殺人で有罪」

「バルトロメーオ・ヴァンゼッティ、第一級殺人で有罪」

マサチューセッツ州刑法の第一級殺人事件の犯人は、オールド・スパーキー、いわゆる電気椅子による死刑であった。第一次世界大戦後の「赤への恐怖」とイタリア人移民にたいする偏見と蔑視があいまった社会的なヒステリー現象のなかで、サッコとヴァンゼッティに、イタリア人移民に不寛容で、保守的なボストンで、イタリア人とアナーキストに憎しみを抱く判事と検事によって、電気椅子による死刑判決が下された。

二人はイタリア人であるがゆえに、死刑判決を受けた。現場にいなかったという二人のアリバイ証言は、証人のすべてがイタリア人であったことから一顧だにされなかった。サッコのアリバイを明らかにしたイタリア領事館員の証言もイタリア人ということで取り上げられなかった。

ちなみに、サウスブレイントリーで強奪された約一万五〇〇〇ドルの現金の行方は明らかにされていない。もちろん、サッコとヴァンゼッティの身辺から一銭も発見されなかった。犯人は五人いたという証言があるにもかかわらず、残りの三人の捜索はおこなわれなかった。それは、後にヴァンゼッティが妹に宛てた手紙で記しているように、「裁判が始まる前から、死刑は確定していた」からである。この判決は、フレームアップによる国家の殺人という恥ずべき汚点をマサチューセッツ州、アメリカ合衆国に残すことになった。

ボストン市民の反応

サッコとヴァンゼッティの裁判が始まったとき、イタリア人の強盗が真昼に、工場から近いところで、二人の従業員を殺害し、お金を奪ったというのが、ボストンの一般的な受け止め方であった。市民感情として、イタリア移民でアナーキストの二人を擁護するキャンペーンを、迷惑で、煩わしいものとして無視する雰囲気があった。

サッコとヴァンゼッティの死刑判決について、死刑決定直後に取材した新聞記者フィル・ストングは、ボストンの「少なくとも一般の人々は、二人の被告は、殺人のためではなく、いまわしい政治主張を振り回したために、裁判されたのだと信じていた」と述べている。ボストンの本屋の店員にとって、サッコとヴァンゼッティはただ単に「赤」にすぎなかった。タバコ屋の主人には、二人は「赤の野郎」であり、タクシー・ドライバーには「赤のくそ野郎」であった。新聞記者ストングは「インタビューした三〇～四〇人のうち、死刑判決に反対したのは二人にすぎなかった」とも述べている。

ボストン市民の多くは、おそらくイタリア人のギャングが人を殺して、現金を強奪し、「赤」の連中がそれを利用して騒ぎ立てているというくらいにしか考えていなかったのであろう。

マサチューセッツ州では、二人のイタリア人への死刑判決は、司法行政が機能している証明として、とりわけ保守の中間層では一般的に歓迎されたが、サッコ・ヴァンゼッティ事件のために、全世界から人種差別のある、文明化していない、偽善的な州と見なされることに不満が表明された。

コロンビア大学のルウェリン教授は次のように言っている。「アメリカ的制度に賛成するか、反対するかは、あなたの自由である。しかし賛成する以上は、もし一人の人間が、犯していない罪のために罰せられるというときには、憤激し、怒り、改善を試みる責任がある。ここで一人の人間というのは、外国人でも、急進主義者でも、革命家でも、徴兵忌避者でも、ならず者でも、誰でもである」。

世界に拡大した救援活動

サッコとヴァンゼッティが逮捕されたとき、支援活動をおこなったのは、イタリア人や労働組合員が中心であったが、死刑判決が出ると平和主義者、作家、知識人なども、サッコとヴァンゼッティ事件の政治的なフレームアップを世に知らしめる活動を開始した。「サッコとヴァンゼッティは救いのないまま有罪となったのか」と題するパンフレットがデトロイト、シカゴ、シアトルで流布した。

アメリカでの救援運動には、文学関係ではジョン・ドス・パソス、アプトン・シンクレア、思想家ではジョン・デューイ、歴史家ではアーサー・シュレジンガーなど、多様な著名人が数多く参加した。有名な刑法学者の未亡人で、女性の参政権、労働者の最低賃金などの社会運動をおこない、アメリカ市民自由連合にも参加していたエリザベス・グレンダウアー・エヴァンズ、ジャーナリストで小説家のメアリー・ヒートン・ヴォースなどもいた。その他に、サッコ一家を別荘に滞在させる人、定期的・継続的に刑務所の二人を訪ねて、励ます人たちもいた。

救援の呼びかけは、スペイン語、イタリア語などに翻訳され、アメリカ国内だけでなく、世界に広まり、国境や人種を越えた救援活動へと拡大した。アルバート・アインシュタイン、ジョージ・バーナード・ショー、ハーバート・ジョージ・ウェルズなど、当時の世界の錚々たる知識人たちが、サッコとヴァンゼッティの再審の嘆願書に署名した。

一九二一年にノーベル文学賞を受賞した作家アナトール・フランスは、この裁判の信憑性を深く憂慮し、ドレフュス事件と対比させて、「アメリカ合衆国の人々」に宛てた次のようなメッセージを発表した。

あなたがたの国の一つの州で、二人の人間、サッコとヴァンゼッティが、思想上の罪で有罪にされた。思想の自由という最も神聖な権利を行使したために人間が命を奪われるとは、考えるだけで身の毛がよだつ。思想の自由こそ、われわれがみな、どんな党派に属そうとも擁護しなければならないものである。この非道きわまる刑罰が実行されるのを許してはならない。サッコとヴァンゼッティの死刑は、かれらを殉教者たらしめ、あなたがたの恥辱を招くであろう。サッコとヴァンゼッティを救え。かれらを救え、あなたがたの名誉のために、あなたがたの子どもたちの名誉のために、そしてこれから生まれてくる世代のために。

二人の解放を要求する集会が、ロンドン、パリなどでも開催された。サッコとヴァンゼッティの有罪判決から死刑執行まで六年間、サッコとヴァンゼッティ救援委員会は、粘り強い活動を続け、一九二五年夏までに三六万ドルの裁判費用などの支援金を集めた。

その時、イタリアは

第一次世界大戦でまがりなりにも戦勝国となったイタリアで、戦線から戻ったものを待っていたのはインフレと失業であった。深刻な社会・経済状況にあって、社会主義者とファシズムが激しい衝突を繰り返していた。

ボストンのイタリア領事館のアゴスティーノ・フェッランテ領事は、サッコとヴァンゼッティの有罪を証明できる明白な証拠が検察側から提示されなかったのにたいし、弁護側は明白な証拠で二人の無罪を勝ち取ることができるという立場をとっていた。ワシントンのイタリア大使ローランド・リッチは、二人の有罪判決はかれらがアナーキストであるだけでなく、イタリア人であることにあったと考えていた。

ヴァンゼッティの故郷であるクーネオ県議会は、一九二一年八月一二日に、全会一致でイタリア政府の介入を求める決議をおこない、イタリア首相ボノーミに要望書を送っている。イタリア政府のクーネオ県議会への返答は、外交的にアメリカと交渉しているという形式的なものであった。

図版10　1921年のロンドンにおけるサッコとヴァンゼッティの救援運動

一九二二年三月二〇日の下院議会で、議員ムッツィが首相ファクタにたいして、裁判の取り消しか、判決の一時停止をアメリカ政府に要求するように求めた。これにたいして、外務次官トスティ・ディ・ヴァルミヌータは、アメリカの各州の裁判は連邦政府から独立したものであることを述べた上で、アメリカのイタリア大使館が二人のイタリア人を救命することに努力していると答えた。

一九二二年一〇月、ムッソリーニは、「ローマ進軍」というクーデタで政権を掌握し、それから一九四三年七月までの二〇年間にわたり、イタリアを独裁的に支配することになる。

V 死刑執行までの戦いと苦悶の日々

精神的・思想的鍛錬の場

サッコとヴァンゼッティの刑務所での絶望的な、長い苦悶の日々が始まった。弁護側は新しい証拠をもとに、一九二一年一二月の第一回、一九二二年五月の第二回、七月の第三回、そして九月の第四回の再審請求をおこなったが、判事セイヤーはすべて棄却した。ヴァンゼッティは一九二二年九月三日のルイジーナへの手紙で、「わたしたちの決定的な敵である判事」は「自らの階級を守ることに執念を燃やす」男と述べている。

サッコは、妻、息子のダンテ、投獄中に生まれた娘イネースのことを考え、精神錯乱に陥り、刑務所での英語の勉強もやめた。他方、ヴァンゼッティは最後まで希望を失うことなく、英語の勉強を続け、自叙伝の執筆、支援者との手紙の交換、読書を通じて自らの世界観を形成することになる。

北イタリアの山村の厳格なカトリックのモラルに縛られていたヴァンゼッティは、トリーノの菓子屋での修行中に知ったデ・アミーチスの人道主義的社会主義、アメリカでのアナーキズムとの出会いによって、戦争を否定し、徴兵も忌避する絶対的な平和主義、そして無神論へと思想的な変化を遂げた。

妹ルイジーナがファシズム政府による押収を逃れるために密かに保管した手紙を末妹ヴィン

チェンツィーナが編集した、書簡集『わたしの死を泣かないでください』が一九六二年にローマで出版された。ただ、弁護士や救援委員会を介して送ったものがルイジーナ宛の手紙で届いていないと記されていることから、家族の手に渡る前に、ファシズム政府に押収されたものもあったと考えられる。

死刑執行までの刑務所で過ごした七年間のヴァンゼッティの希望と絶望が交錯する苦悩、他者への無限の思いやり、人間愛と寛容への訴えなどを、かれが家族や知人に宛てた手紙を通じて知ることができる。とくに、死刑執行が近づくにつれて、怒りを押し殺して綴ったルイジーナ宛の手紙は「残酷なドラマの証言」である。それは読むものに感動を与える。

エヴァンズへの手紙

『わたしの死を泣かないでください』に収録されている、死刑判決を受けたヴァンゼッティの最初の手紙は、判決から八日後の一九二一年七月二二日の、前掲の支援者エリザベス・グレンダウアー・エヴァンズに宛てたものである。彼女は刑務所のヴァンゼッティを頻繁に訪れ、励まし、サッコとヴァンゼッティの救援活動の輪を大きく拡大した。彼女は、サッコの妻と二人の子どもの世話もして、かれらから「ベスおばさん」と慕われるようになる。ヴァンゼッティは、エヴァンズ夫人への手紙で次のように記している。

刑務所での長い日々を何をして過ごすかを考え、自問していました。仕事をする、どんな仕事を？　手紙を書くことです。わたしの無実を信じておられるあなたに、心の底からお礼を申し上げます。わたしは無実です。わたしはこれまでの人生で、一滴の血も流していないし、一銭の金銭も盗んでいません。

今必要なのが愛、太陽の光、犠牲的精神、理念、良心ですが、最も必要なのが良心、希望、善意です。これらすべてが、人間の心に、種を植え、覚醒させ、大きくなるのです。わたしは、トルストイ、サン・フランチェスコ、ダンテの教えが好きです。ガリバルディの行動規範が気に入っています。快楽主義は嫌いです。小さな家、畑、何冊かの本、少しの食べ物、これらが必要です。現世の野心のためにお金を稼ぐことはありません。

ヴァンゼッティは後に、ルイジーナへの手紙で、エヴァンズ夫人を「本当に心のある人」、「わたしたちの無実を信じて、わたしたちの支援に自発的に加わった」、「大富豪で、アメリカ人のなかで最も知られた一人である彼女は政治犯の自由のために大きな貢献をし、解放されていない人々のためにも働いている。彼女は何冊かの本をプレゼントしてくれ、英語も教えてくれている」と述べている。

ヴァンゼッティが死刑判決後にルイジーナに書いた最初の手紙は一九二一年九月四日付のものである。ルイジーナには救援委員会や仲間から兄の死刑判決が知らされていた。

残念ながら、結果は知っての通りとなった。二度目の裁判も、わたしが罪を犯していないだけでなく、犯行の現場にいなかった事件で有罪が宣告された。わたしたちは再審請求をしたが、数ヵ月のうちに判事の答えが分かるでしょう。もし棄却されれば、州の最高裁判所に再審を請求することになります。その場合は、答えが出るまで一年は待つことになります。事態は長期化しますが、辛抱するしかありません。ですが、弁護士たちは楽観的で、判事は再審を認めるであろうと期待しています。

図版11　ルイジーナ

その手紙の追伸で、いてもたってもいられないルイジーナがアメリカ行きを救援委員会の仲間に打診したのであろうが、ヴァンゼッティは「君がここに来る必要はないと思う。土地勘もない外国人の女性で言葉もできないお前に何ができるのだ？　それよりも、逮捕される前にわたしがお父さんに送った手紙を、可能なら送ってくれ」と記している。その手紙が再審請求の新たな証拠となると考えたのであろう。
ヴァンゼッティは、イタリアでの徴兵に応じなかった息子を許さなかった、老齢で眼も不自由になっていた父親ではなく、もっぱらルイジーナに定期的に、獄中生活、支援活動、アメリカの死刑制度などについて、詳しく報告するようになる。ルイジーナは兄の考えについていけなくとも、最後までかれを支えた。
日付はないが、ルイジーナへの手紙で、自分たちの判決への抗議と運動の拡大に関連して、死刑廃止の要求が出ていることを次のように伝えている。

あなたたちに良いことを知らせたい。死刑をもたらしたわたしたちの有罪判決であるが、それは執行されないであろう。わたしたちの名において、死刑に反対する激しいキャンペーンが始まっており、それによって死刑の廃止が容易にもたらされるであろう。

くわえて、自分たちへの死刑判決が「政治的・人種的憎悪によって」おこなわれたことを知らないものはいないと記している。また、かれは、「イタリアの革命的な新聞が徹底したキャンペーンを開始し、わたしたちの生命と自由はイタリアの労働者」の手のなかにあり、「イタリア政府も民衆の意志力によって真剣に介入しなければならなくなるであろう」とイタリア政府への期待を示している。

同時期に書いたと思われる父親宛の短い手紙で、エヴァンズ夫人の報告によれば、支援者の一人であるアメリカ人女性のヘンダーソン夫人が、ヴァンゼッティとサッコの家族を励ますために、イタリアを訪問することを伝えている。アメリカ市民の支援者、とくに女性たちの活発な支援活動がイタリアの家族にもおこなわれていることが分かる。

ヴァンゼッティは一九二二年四月四日のルイジーナへの手紙で、前年の「クリスマスを悲しみに沈んで過ごしたわけではない」と述べ、「悲しみは肉体的に弱い者のものである」と、妹に落ち込まないように励ましている。続けて、「人間の一生は不確かなもので、多くの危険と、多くの策謀のなかで展開される」、「警官、検事、判事の誰も、わたしたちを逮捕し、恥知らずな筋書きを準備したとき、わたしたちの弁護がすべての市民世界から受け入れられることを考えていなかった。今、かれらは恥と恐怖を抱いている」と記している。それは、検事、判事が自分たちに死刑判決を下した不当な裁判の核心を突き、冤罪の死刑判決が惹起した世界的な規模での救援活動をさしている。

ヴァンゼッティを訪ねたデブス

一九二二年一〇月二〇日のルイジーナへの手紙で、再審棄却にもかかわらず、「わたしは、英語からイタリア語に、ロシア問題を広く論じている理論的・論争的な冊子の翻訳に没頭している。その翻訳は、わたしたちの雑誌に分割して掲載され、冊子で出版されるであろう」と、ヴァンゼッティは獄中生活で新しい目標を立てて努力している。

また、エヴァンズからは、ニューヨークの雑誌に掲載されたかれの「一人の犠牲者」と題するイタリア語の文章を英語に翻訳するように勧められ、「わたしは、面倒なことを引き受けることになるが、元原稿を手直しして、彼女に渡すことを約束した」と記している。「一人の犠牲者」は、おそらく『一人のプロレタリアートの生涯』として、後に救援委員会によって英語で出版されるものであろう。

この時期に、「アメリカの一流の作家」のアプトン・シンクレア、「アメリカの著名な一族の詩人、文学者、翻訳者で社会主義者」のアリス・ストーン・ブラックウェルが刑務所を訪ねたことも報告している。一九二三年七月二八日のルイジーナへの手紙で、多くの支援者たちも刑務所を訪ね、激励してくれたことを、次のように伝えている。ヘンダーソン夫人は「山ほど果物」を差し入れてくれた。ヴァージニア・マクメカンは裁判が始まったときから支援してくれ、毎月刑務所を訪問し、手紙の英語を直してくれている。「良き仲間」のエルシー・ヒルスミス夫人は「自分の子ども」のように接してくれる。また、ジルベーソン夫人は、「釈放されたら、自分の農園で元気を取り戻すように」と言ってくれていると。

サッコが法廷陳述で名前をあげたユージン・ヴィクター・デブスが獄中のヴァンゼッティを訪ねている。デブスは、第一次世界大戦へのアメリカの参戦に反対し、諜報活動防止法に問われ、一〇年の刑を受けて収監されたが、一九二一年にハーディング大統領の恩赦で釈放されていた。ヴァンゼッティは七月二八日付の手紙で次のように記している。

ユージン・デブスは社会主義者で、わたしは無政府主義者で、二人の間には考え方で違いがあります。デブスは諸政党を凌駕し、卓越した人物です。〔中略〕この英雄的な老人は、優しく、最高の真心をもって、「わたしたちとともに戦い抜き、自由を取り戻すまで、君とサッコのためにわたしたちは戦います。わたしを頼りにしてください」とわたしに語った。人々は、かれを不動の覇者と見て、かれを愛し、尊敬しています。

デブスの救援活動もあって、サッコとヴァンゼッティは資本家階級から労働者を解放する闘争の象徴になり、救援運動はさらに世界的に広がりを見せ、裁判闘争の義援金も増加した。

弁護士を引き受けたトンプソン

一九二三年三月、ウィリアム・トンプソンがサッコとヴァンゼッティの弁護団に加わった。かれは、ニューイングランドの一流弁護士で、マサチューセッツ州の法曹界で最も有能な弁護士と言われていた。トンプソンは、民族的偏見や思想的弾圧として批判の多いサッコとヴァンゼッティの裁判を弁護することで、ニューイングランドの古くからの友人や顧客を失うことになるという周りからの忠告にもかかわらず、二人の弁護を引き受けた。その理由は何だったのか。それは、判事セイヤーのイタリア人への民族的偏見と思想的弾圧によって、無辜の二人の生命を奪うことはできないという強い想いであったとも言われる。『サッコ・ヴァンゼッティの最期』の著者フィル・ストングの「なぜこの事件を担当することになったのか」という質問に、トンプソンは次のように答えたという。

わたしは古いアメリカの伝統を貴ぶ人間として、哀れな二人の外国人が不当な扱いを受けているのを知ったとき、これを看過できなかったのです。二人を知って、わたしは自分が恥ずかしくなったのです。この二人のイタリア人のように、ゆるぎない信念をもち自己を放棄したものは、あまり例がないでしょう。わたしの魂のどこをさがしても、バルトロメーオ・ヴァンゼッティのもっているような力と信仰と上品さは、恥ずかしながらありませんよ。

トンプソンは、保守的なニューイングランド人ではあるが、自由と平等にもとづく良心の人であった。トンプソンの立場は、公正な裁判を受ける権利という神聖な原理を守り、アメリカの伝統的な自由の価値を擁護し、二人のアナーキストの卓越した精神と信念を讃えるというものであった。

なお、トンプソンは、最初は「州の汚点のすべてを掌握していたので引き受けなかった」が、ニューイングランドの上流社会の知り合いでもあったエヴァンズの強力な依頼で弁護を引き受けたと、後に（一九二六年一二月五日）ヴァンゼッティに述べている。

弁護士トンプソンは、「州の汚点」にかかわる判事セイヤーについて、後述するハーバード大学総長ローレンス・ローウェルを委員長とする三人委員会で次のように述べている。

わたしは判事セイヤーを、子どものころから知っている。判事セイヤーが、つねに悪質な人間で、根性のねじれた人だとはあえて言わない。しかし、かれが心の狭い人間であることは確かである。かれはあまり教育を受けていない。かれは教養にとぼしい。かれは偏見に満ちている。現在、アメリカ国民の九〇パーセントまで取りつかれている「赤への恐怖」症に、かれもおかされてしまっている。かれは性格が激しく、虚栄心に富んだ、利己的な人間である。

トンプソンがサッコ・ヴァンゼッティ事件の弁護士を引き受けたことで、それまでの平和主義者、人道主義者、アナーキスト、労働組合員を中心とする支援に、マサチューセッツ州の不公平な裁判に批判的な法学者でハーバード大学のフェリックス・フランクファーター、歴史家のサミュエル・エリオット・モリソン、経済学者のフランク・ウィリアム・タウシッグなどが加わることになる。

銃弾の再検査

弁護士トンプソンは、サッコ・ヴァンゼッティ事件のすべての記録を徹底的に検討した。かれが重視したのは、警備員ベラルデッリの遺体から摘出された銃弾が、サッコの所有していた三二口径のコルトから発射されたものではないとする、銃弾鑑識官ハミルトンによる再検査の結果であった。

また、最初の銃弾鑑識官プロクターは、公判前の検事カッツマンとの打ち合わせで、使用されたコルトの弾丸がサッコのものとは立証できないと述べた、と弁護士トンプソンに話していた。しかし、検事カッツマンは、その鑑識官プロクターの証言も事前打ち合わせも否定した。

ヴァンゼッティは、一九二三年六月二八日のルイジーナへの手紙で、「われわれに有利な新しい証拠」があると記している。それは、警備員を殺した銃弾がサッコの銃から発射されたものでは絶対にない」（強調はヴァンゼッティ本人による）という証拠であり、「わたしのリボルバーの弾は会計主任の遺体から摘出されたものでは絶対にない。それは三二口径で、わたしのは三八口径である」と述べている。

一九二三年一一月一一日のルイジーナへの手紙で、ヴァンゼッティは、再審請求について、「状況は見込みがあるように思える。弁護側の専門家が銃と犯罪で使用された弾丸の検査をおこなった」と記している。また、「わたしは判事が再審請求を棄却しても驚かない。というのも、かれは検事と仲が良すぎるし、わたしたちに敵対しているからです」とも書いている。

図版12　弁護士トンプソン（左側）

現場にいなかったサッコとヴァンゼッティが、会計主任と警備員を銃で殺害し、現金を強奪することはあり得ないのであるが、事件当日に現場にいなかったというアリバイが否定されただけに、この銃弾検査の結果は、再審請求の決定的な証拠となるはずであった。しかし、そうはならなかった。

検察がすり替えたリボルバーの銃身

ヴァンゼッティは、一九二四年三月一〇日のルイジーナへの手紙で、「数学を勉強していた（刑務所に設置された）夜学から戻ったばかりだが、君に手紙を書くことにした」と述べ、「昨年は英語で優等賞をもらった。先生も囚人で、大学の工学部を出た人です」と記している。

その前書きに続いて、ヴァンゼッティは、再審請求について、「今日まで判事は（再審にかかわる）決定を下していない。また別の混乱、誰かがサッコのピストルを取り換えるようなことが起きるかもしれない。知っていることを言おう。サッコのピストルの銃弾は、殺された警備員の遺体から摘出されたものとは異なるものである。判事は、理由が分からないが、それを知ろうとせず、最初は虎のように獰猛に主張し、続いて頑固なロバのように黙り込んでいるのです」と述べている。

ヴァンゼッティは、自分が所持していたリボルバーについて、ルイジーナに詳しく書いている。古いリボルバーの「銃身は取り換えられた。銃身を取り換えたのは誰だ？」、「銃を管理し

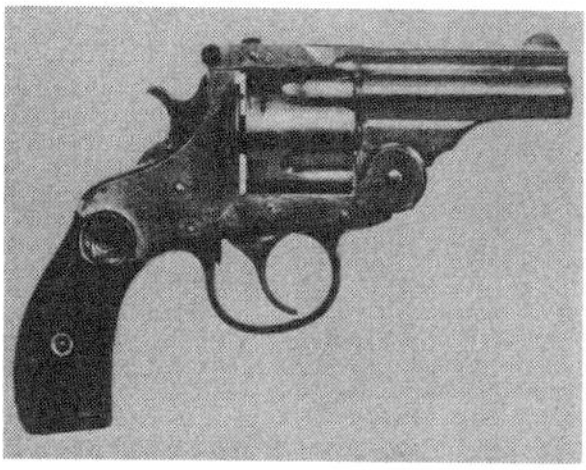
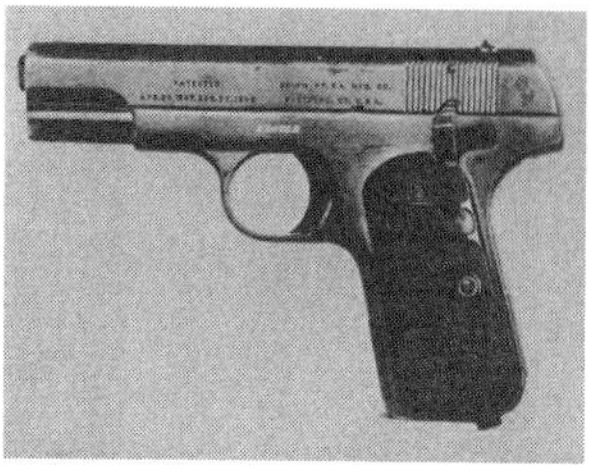

図版13　犯行に使用されたとされるリボルバーとコルト

ていたデダム裁判所の廷吏長は弁護側には銃を絶対に渡していない」が、「検察側の鑑識官からなんどもリボルバーを求められ、かれらはもっていった」、「最初の法廷以降、弁護側はリボルバーを見ておらず、検察側はなんどもそれをもっていき、好きなようにしたのである。もし検察側がやっていないとしたら、誰が銃身を替えられるのだ？」、「その後、銃のすべては廷吏長に返却された」。そして、「獣たちは、わたしたちに再審を認めようとしない」とヴァンゼッティは記している。

一九二四年四月六日のルイジーナへの手紙では、「わたしは自由を愛する。たとえ、鉄柵で囲まれても、抵抗することができる」、「事態は良い方向で終わると信じている。最悪のことはもう過ぎてしまった」、「かれら（判事と検事）は多くの誤りを犯した。もし判事が認めないなら、最高裁判所がある。その場合、おそらく数ヵ月、最長で一年待たねばならない」と述べている。

さらに、「人々はますますわたしたちを支援している。仲間たちはわたしを決して見捨てることはない」とも述べている。そして、「わたしたちを有罪とした（第一次世界大戦後の）政治的憎悪とヒステリー現象は今は一掃された。すべての人種、思想、政党、宗教がわたしたちとともにあり、わたしたちの無実を宣言している」と記している。

一九二三年二月七日のルイジーナへの手紙で、再審請求の審理が二月三日に開始されるはずであったが、三月一二日に延期となったことを知らせている。その理由は、新聞の報道によれば判事セイヤーの健康状態が良くないとのことであると述べた後に、「知っての通り判事は繰り返し残酷で、不当な扱いをしているので、かれに良いことをまったく期待していない。わたしたちに有利で重要な証拠があるにもかかわらず、再審を棄却することを考えている」と述べている。

二月九日のルイジーナへの手紙では、父親を心配させていることを詫びて、アメリカの刑務所には多くの無実のものが、何年も正義の判決を待っていると、父親をなだめるようにルイジーナに頼んでいる。そして、「弁護側がわたしたちに有利な重要な証拠を得たので、今年中に釈放されることを信じている」と述べている。

サッコのハンガーストライキ

新しい証拠にもとづく、第五回目の再審請求の審理がやっと開催された。ヴァンゼッティは再審請求の審理に立ち会うためにチャールズタウン刑務所からデダム刑務所に移されたとき、サッコがハンガーストライキをおこなっていることを知った。一九二三年三月一五日のルイジーナへの手紙で、「二月一六日からサッコがハンガーストライキを始めた。かれの意志は梃子でも動かせない」と記している。

サッコは、家族とイタリア帰国を決めていただけに、無罪を勝ち取るのに必死であった。しかし、つぎつぎと再審請求が棄却され、絶望したサッコは、頭を独房の壁に打ちつけ、髪の毛を掻きむしり、錯乱状態に陥った。家族のところに帰りたいと泣き叫び、日に日に衰弱していくサッコは、四月にブリッジウォーターの囚人精神病院へ移送された。なお、九月二九日、健康を回復したサッコは、精神病院から出て、デダムの刑務所に戻ることになる。

再審請求の審理が終わり、チャールズタウンに戻ったヴァンゼッティは、一九二三年一二月九日のルイジーナへの手紙で、弁護士から聞いたこととして、「新しい証拠のすべてを詳細に検討するために、今月中に再審の決定は出ないと判事が言った」ことを記している。

チャールズタウン刑務所の独房に戻ったヴァンゼッティは、「壁にもたれて、立ったまま本を読んだ」と述べているように、貪るように読書を続けていた。かれは、刑務所内の「縫製作業場で働き、英語を学び、新聞や多くの本を読んでいる。とにかく、勝利の獲得をめざして健康でいるために、できるかぎりのことをしています」と述べている。

ヴァンゼッティは、世界的に広がった支援の運動と、支援者との手紙の交流を通じて、戦う意志を一段と強くしていた。この時期、弁護士ムーアはヴァンゼッティにサッコと分離した裁判を求めていた。かれは、三月一五日のルイジーナへの手紙で、「運命を共有したいという理由」で、サッコとの分離裁判を断ったことを伝えている。

再審請求への期待と不安

ヴァンゼッティは、一九二三年七月二八日の祖母への手紙で、再審請求を認めない判事のことを記している。

わたしたちには有利な新しい証拠がたくさんあり、それは議論の余地のない価値のあるものです。しかし、新しい裁判を認めることは判事の自由裁量権です。判事は一難去ってまた一難、前門の虎、後門の狼の状態にあります。かれが恐怖に苛まれていることは分かっています。判事は、もともと反動的な人物で、自分の出世への渇望と、わたしたちへの政治的憎悪から、わたしたちを陥れようとしているのです。かれは、この法的に偽りの罠を仕掛けたときから、わたしたちが無実であることを知っていたと、わたしは確信しています。

ヴァンゼッティは、三年を過ぎようとしていた獄中生活で、心ある、自由を愛するアメリカ人の支援に感謝しながらも、マサチューセッツ州の司法にたいする怒りの叫びをあげている。

幼友達への手紙で裁判を批判

一九二三年六月二五日のエルヴィラ・ファンティーノへの手紙で、死刑判決が思想的弾圧であることについて、ヴァンゼッティは一段と激しい口調で、判決を下した判事セイヤーを批判している。ファンティーノはヴィッラファレットの小学校での幼友達で、アメリカに移民し、家族的なつき合いをしていた。

君は学校にはあまり来なかったけれど、君が心で語るとき、学校で教わったよりはるかによく伝わる。ニューヨークでみんなと一緒にいたころのことをよく思い出すよ。あのころは本当に楽しかったので、全部を思い出したい。

わたしの人生は不思議である。わたしたちは勇気をもって立ち向かわねばならない。君がわたしの無実を信じていることがよく分かる。知人のなかでわたしの無実を信じない人もいるが、君が無実を信じていることが嬉しい。

判事が間違ってわたしを有罪としたのではないことを確信している。それは、かれがわたしを犯人に仕立て上げた張本人だからです。かれは知識も、経験もある人だから、根拠のない証言を分かっているのです。判事は正義のためではなく、貧者からパンを奪い、金儲けのために人民を虐殺する戦争を起こす金持ちを守り、保護するためにいるのです。わたしの判事は、出世するためにわたしを有罪にしたのです。なぜなら、わたしがストライキをしている人たちを応援し、戦争に反対し、貧しい人たちに目を開かせようとしたからです。大企業はわたしを知っていたし、わたしに怒っていたのです。わたしがかれらに心を売り渡さず、労働者たちを裏切らなかったからです。わたしを逮捕したとき、かれらはわたしが多くの支援者を得ることになるとは想像できなかったのです。

かれらは、わたしを好きなようにすることができると信じていたのです。警察はでっち上げの証言を買った。もし誰もわたしたちを支援せず、もし誰も抗議しなかったら、判事は出世しただろう。しかし、今、かれは怒り心頭に達しており、わたしを刑務所に留め置こうと必死です。

マラテスタの抗議声明

日付がないが、内容からして一九二三年末のものであるルイジーナへの短い手紙で、おそらく救援委員会がもたらした情報であろうが、「善良で、偉大なエッリーコ・マラテスタがローマで雑誌を出版するようになった」ので、君も「かれの論文から優れた道徳的・知的な考えを得ることだろう」と、それを読むように勧めている。もちろん、ムッソリーニ支配下のイタリアで、彼女がそれを容易に読むことなどできなかった。

その雑誌はアナーキストの『リーベロ・アッコルド』誌で、手紙の内容と時期的にズレがあるが、マラテスタは、一九二三年三月二六日付の号に次のように書いている。

われわれインターナショナリスト、われわれ反ナショナリストは、イタリア人ということが軽蔑と迫害の理由となったことに怒りを表明する。それは、ユダヤ人がユダヤ人というだけで迫害されたように、生まれた国、表明する信仰ゆえに、不公平な仕打ちを受ける人と同じである。イタリアの名誉、偉大さ、繁栄のためにすべてがあるというナショナリスト、強力な愛国者は、サッコとヴァンゼッティ事件を前にして無関心でいられるのか？

『リーベロ・アッコルド』の同じ号には、ジャックの名前で、「自由か死か」と題する記事も掲載され、次のような記述が見られる。

かれら（サッコとヴァンゼッティ）がアナーキズムを信奉しているからではなく、イタリア人を侮辱するため、より正確には汚らしい、卑賤なイタリア人をダゴスと侮辱するためである。もしイタリアの現政府が自分たちの力をはっきりと証明しようとすれば、結構なことである。アメリカ当局に、イタリア人であるサッコとヴァンゼッティの裁判を再検討させねばならないであろう。

イタリアでは、この時期から、アメリカ政府にたいする交渉を要求する声が出始めた。しかし、ムッソリーニ政府は、同胞ではあるが、アナーキストの二人の死刑判決にたいする具体的な行動はとっていない。一九二二年一〇月に政権を掌握したばかりのムッソリーニ政府には、政権を確立することに必死で、その余裕はなかったということであろう。

アメリカ社会の批判

ヴァンゼッティは、自分たちを電気椅子による死刑とした冤罪の主たる要因である「赤への恐怖」と、イタリア人への差別とあいまったアメリカ社会のヒステリー現象は、一九二四年前半に沈静化したと、冷静に認識していた。他方、アメリカ社会への批判は止まらなかった。

一〇〇万スクーディ（第二次世界大戦まで使用されていた銀貨）以上がすでにわたしたちの裁判で使用されている。アメリカでは正義がエジプト豆一握りで売買されることを考えれば、先に述べた金額で人の道を外れたプロの犯罪集団を釈放できることを認めざるを得ない。反対に、犯罪も犯していない、人も殺していないわたしたちは刑務所に留まっている。人民と革命家たちの意志の力による圧力だけがわたしたちを解放する。それが欠けているわけではないが、いつになるか、分からない。

一九二四年七月一五日のルイジーナへの手紙で、ヴァンゼッティは「サッコはあまり良くない。かれはますます苦しんでいる。仕事もせずに、一日に一時間も、中庭に出ることもない」が、「わたしは働き、学校、劇場、教会にも行き、中庭にも出ている。たくさんの慰問者もあり、たくさんの手紙も届いている。勉強、読書、そして書き物をしている」と刑務所での生活を報告している。サッコの体調だけでなく、かれの家族のことも、「可哀そうなサッコのためにできるかぎりの方策をお願いするつもりだ。かれの子どもたちも元気でいる。妻のロジーナもなんとかやっている」と知らせている。

再審請求の棄却

判事セイヤーは、再審を認めようとしなかった。マサチューセッツ州の四分の三の弁護士が「セイヤーは、新しい証拠にもとづく再審を認めない」と考えていたことを、ヴァンゼッティは記している。

ヴァンゼッティの予想通りに、一九二四年一〇月一日、決定を引き延ばしていた、弁護士トンプソンが新たな銃弾鑑定など万全の証拠で申請した五回目の再審請求を判事セイヤーは棄却した。ヴァンゼッティは一九二四年一〇月五日のルイジーナへの手紙で、「すでに知っているであろうが、判事は再審を棄却した。こんなことはあり得ない」と絶望的になりながらも、「失望することはない。君に頼む、お父さん、妹、弟、おばあさん、従弟、友達みんなを安心させてくれ、お願いだ」と書いている。その上で、次はマサチューセッツ州最高裁判所、そこで否定されたら連邦最高裁判所に再審を請求すると述べている。

なお、五回目の再審中に、弁護士ムーアは弁護団から抜けていた。サッコは、それ以前から、検察側との対立を煽る弁護士ムーアの弁護手法に反発していた。サッコは、自分たちを無罪にすることよりも、「自分の意志を無視して、自分の意志に反して」裁判を政治化するムーアに反発し、「わたしの事件から手を引いてくれ」と一九二四年八月にムーアに手紙を書いていた。

気丈に振る舞い、弱音を吐かなかったヴァンゼッティも、弁護士トンプソンによる再審請求に期待を託していただけに、判事セイヤーの再審棄却には、精神的に打ちのめされた。五年にわたる獄中生活と、刻々と近づく処刑への恐怖もあって、強靭な精神のヴァンゼッティも、ストレスで胃の痛みを訴えるようになった。かれは、ほとんど独房に閉じこもり、読書もせず、救援者へ手紙を書くこともなく、鬱状態となった。自殺防止のためにフォークもナイフも与えられず、指を使って食事をするようになり、一九二五年初頭、ヴァンゼッティは精神病棟に移された。ヴァンゼッティは、一日二回の刑務所の中庭でのボール遊びが認められ、胃の痛みもなくなり、まもなく退院した。

一九二五年四月一五日のルイジーナへの手紙では、「確実に健康になった」と伝えている。その時期、刑務所のヴァンゼッティの訪問者のなかに、大学生になっていたベルトランド・ブリーニがいた。かれは、クリスマスイブにヴァンゼッティのウナギ売りを手伝い、法廷でヴァンゼッティのアリバイを証言した少年である。ヴァンゼッティは、一九二五年九月一六日のルイジーナへの手紙で、「大学生になったベルトランドと再会できて嬉しかった」と述べている。ブリーニ家はヴァンゼッティ家との仲介的な役割をにない、最後まで救援運動を支えた。

マサチューセッツ州最高裁判所への控訴

健康を取り戻し、チャールズタウン刑務所に帰ったヴァンゼッティは、一九二五年五月六日のルイジーナへの手紙で、「マサチューセッツ州はわたしたちの事件の裁判に疲れている」と状況を判断し、「遠くない将来、わたしたちの最終的な勝利」と楽観的に語っている。

五月八日の手紙では、「現在のわたしたちの弁護士の影響力と能力、敵側の疲労と恐怖、かれらの悪評が突出していること、それ以上にわたしたちにたいする連帯などから、最終的な勝利を信じるのは筋の通らないことではない」と記している。その上で、家に閉じこもりきりのルイジーナの健康を案じて、「喜びは気分を良くする、憂鬱は良くない」と姪の結婚式に出席するように勧めている。

六月七日の手紙では、「弁護士トンプソンがマサチューセッツ州最高裁判所への再審請求に判事の署名を得た」と伝え、「他の弁護士だったらこのようにはいかなかったであろう」と述べている。くわえて、「友人や仲間のすべてが結果に楽観的である。わたしも勝利を信じ、望んでいる」とも記している。六月一七日の手紙では、「自ら正義をおこなうことを、はっきりと決意した。それは絶望、自殺、あるいは殺人をおこなうことを意味するのではない。それは勝利を意味している」と戦う意志を表明している。

八月一六日の手紙では、弁護団が一五〇〇頁にのぼる膨大な上告趣意書をマサチューセッツ州最高裁判所に届けたが、その結果について弁護士も友人も楽観的であり、わたしも「勝利の強い意志をもち続ける」と述べている。

一九二五年一一月二七日のルイジーナへの手紙で、「喜色満面」の「救援委員会の友人が来て、近いうちに弁護士が良い知らせをもってくる」と述べたことを記している。「良い知らせ」とは何か、具体的には何も記されていない。一九二六年一月一一日のルイジーナへの手紙でも、救援委員会の友人が来て、「勝利を確信しており、感激して泣いていた。それじゃ、まあ、待つことにするか」と書いている。その上で「プルードンの選集にある「戦争と平和」をイタリア語から英語に翻訳していて忙しい」と述べている。

真犯人が現れる

良い知らせとは何か。一九二五年一一月一八日、二人の救いの神を思わせるメッセージが、デダム刑務所に戻っていたサッコに届いた。刑務所では、模範囚が独房をまわり、囚人に希望する雑誌を配布していた。その雑誌配布者がサッコの独房に来て、一冊の雑誌を渡し、なかを見るように言った。雑誌のなかには一枚の紙きれが挟んであった。それには、「わたしはサウスブレイントリー事件に加わったもので、サッコとヴァンゼッティはそこにいなかったことを告白します。セレスティーノ・マデイロス」と記されていた。

両親がポルトガル出身で、マサチューセッツ州ニューベッドフォードの犯罪地域で育ったマデイロスは一九二四年一一月一日に銀行を襲い、銀行員を殺害し、死刑の判決を受けて、サッコと同じデダム刑務所に収監されていた。マデイロスは、サウスブレイントリー事件に自分が関与したことを認め、サッコとヴァンゼッティはその事件とは無関係であることを告白した。死刑執行を待っていたマデイロスは、そのことをサッコに話す機会を探っていたのである。マデイロスのメモをサッコから受け取った弁護士トンプソンは、マデイロスに面接し、事の真相を聞き取った。マデイロスは、仲間の報復を恐れて共犯者の名前を明かさなかった。

弁護士トンプソンは、別の事件で服役していたジョー・モレッリと面談した。かれは、サウスブレイントリー強盗殺人事件について、オーバーン刑務所に服役中のトニー・マンチーニという男の名前を出した。マンチーニは、三二口径のコルト拳銃で警備員に三発、会計係に二発を撃ったこと、サッコとヴァンゼッティはサウスブレイントリー強盗殺人事件と関係なく、単なるアナーキストにすぎないことを、弁護士トンプソンに語った。決定的なことは、マンチーニが所持していた銃が、会計係のパーメンターを殺害した銃の口径と同じであったことである。

マデイロスとマンチーニの告白で、サウスブレイントリー強盗殺人事件の犯人はロード・アイランド州プロヴィデンス界隈で強盗を働いていたイタリア人移民のモレッリ兄弟であることが判明した。アメリカで生まれ、組織的な犯罪行為をおこなっていたモレッリ家の五人兄弟の二人は、サウスブレイントリー強盗殺人事件が起こった一九二〇年四月一五日に、別の事件で投獄されていた。残りの三人は自由に行動できる身であった。

その一人がフランク・モレッリで、サウスブレイントリー強盗殺人事件の現場で見張り役であった。二人目のマイケル・モレッリは車の運転をしていた。三人目のジョー・モレッリが強盗団の首謀者であることが分かった。くわえて、マデイロスは車の後部座席で銃を構えていたことも明らかになった。

弁護士トンプソンは、事件後にマデイロスの銀行口座に二八〇〇ドルが振り込まれていたことを突き止め、それが強奪した金の分け前と判断した。強奪したお金の分け前を得たマデイロスは金遣いが荒くなり、女友達とメキシコに出かけたことも明らかになった。

マデイロスの告白にもとづく再審請求

弁護士トンプソンは、マデイロスの供述書、サウスブレイントリー強盗殺人事件に関連してイタリア人の犯罪組織であるモレッリ一味を追っていた前述のマサチューセッツ州ニューベッドフォードのジェイコブス警部の報告書とともに、一九二六年五月、マサチューセッツ州最高裁判所に再審を上訴した。

一九二六年五月一六日のルイジーナへの手紙で、「ひどく健康が悪化しているサッコが法的な手続きを直ちに中止することを望んでいるのは残念だ。わたしは最後の最後まで戦い続けるが、かれがこの考えの正しいことを認めてくれることを願っている」と記している。五月三一日の手紙では、「勝利が遠くない可能性を信じている」とヴァンゼッティは戦う意志を捨てていない。ただし、追伸では「たとえ悪い知らせを聞いたとしても驚かないように」とも述べている。

マデイロスの名前がルイジーナへの手紙に最初に出てくるのは一九二六年六月二六日の手紙である。ヴァンゼッティはその手紙で、「すでに知っているように、マサチューセッツ州最高裁判所への上訴は、死刑囚のマデイロスの告白にもとづくものである」と述べているが、「たとえキリストがわたしたちのために降臨されようとも、判事セイヤーは新たな裁判を棄却するであろう」と絶望的な言葉を発している。また、「トンプソンは新たな証拠で、判決を無効にできると考えている」と述べつつも、「わたしはそうは思わない」と、ヴァンゼッティの心は期待と絶望のあいだを揺れ動いている。

一九二六年九月三日のルイジーナへの手紙では、死刑判決を受けていたマデイロスは九月五日に始まる週に処刑されるはずであったが、「弁護側がマサチューセッツ州知事フラーに、わたしたちのために証言できるように、マデイロスの死刑執行の延期を要求した」と述べている。

知事フラーは、マデイロスの処刑を一〇月二八日まで延期した。ただ、ヴァンゼッティは「判事セイヤーにも、最高裁判所にも、マサチューセッツ州にも何も期待しない。わたしが期待するのは、あらゆる人民、友人、善良な人々、そして労働者たちである。世界に広まった支援活動に満足している。それが続くならば、わたしたちは勝利すると信じる」と書いている。

一九二六年九月一九日のルイジーナへの手紙では、マデイロスの告白はボストンだけでなくアメリカの多くの新聞でも取り上げられ、「わたしたちの釈放要求はますます高まり、裁判は連邦政府も巻き込んだ国家的なスキャンダルの様相を呈している。判事セイヤーはわたしたちのやり直し裁判をおこなわなければならないであろうと、多くの学者は考えている。しかし、過度な幻想を抱くべきではない。敵はわれわれを放免しない。知事セイヤーは卑劣で残忍なことができる」と記している。

一九二六年一〇月一日のルイジーナへの手紙では、「マデイロスにかかわる審理が先月の一三日に始まり、一週間続いた」と述べている。この手紙で、ヴァンゼッティは判事セイヤーが再審の決定を遅らせ、そして棄却することの理由を的確に指摘している。

（審理の結論を出すには）時間が必要であるという口実は、目くらましのために考え出した、哀れな嘘である。判事セイヤーは、わたしたちが勝つことを知っているので、再審を認めたくないのが真実である。わたしたちに再審を認めることは、かれらに向けられた批判を承認することになるのを、判事セイヤーは分かっている。わたしたちに別の裁判を認め、おこなうことはさらに最悪であろう。最初の裁判でわたしたちにおこなわれた権力の乱用、不正などすべてが二番目の裁判でつぎつぎに明らかにされるであろう。それは、最も恥ずべき、犯罪的なスキャンダルとなろう。判事セイヤーがわたしたちに勝利するための唯一の方法は、わたしたちに再審を認めないことである。

一一月には、知事選挙、州議会選挙、地方議会選挙がおこなわれる。判事セイヤーは、選挙前にわたしたちの再審を棄却すれば、かれの政党（共和党）は多くの票を失い、おそらく敗北することが分かっている。審理が終わって二週間が過ぎた。かれは沈黙したままである。

過去の二人の弁護士批判

弁護士トンプソンもまた、この事件に「これまで敵対していたアメリカの最も影響力のある人々を、ゆっくりと、継続的に獲得していることは否定できない」と、判事、州知事の立場が悪くなっていることを指摘している。

一九二六年一〇月一〇日のルイジーナへの手紙では、「一九二一年から裁判に勝つためのチャンスも手段もあったが、最初の弁護士の裏切りと無能、われわれと仲間の無知が、デダムの陪審員の評決によって、敵側が望むことをすべてできるように、運動を破壊してしまった」と記している。

最初の無能な弁護士とは、ヴェヒーであり、ムーアである。ヴァンゼッティは、プリマスの裁判での弁護士ヴェヒーを、「ユダが三〇ディナール金貨のためにキリストを裏切ったようにわたしを裏切った」（一九二六年一二月五日のルイジーナ宛の手紙）と手厳しく批判している。

「仲間や友人たちは、資金を集め、わたしたちの弁護支援活動を開始し、裏切り者の弁護士を辞めさせて、新たにムーアを弁護士とした。この男もわたしたちを破滅させた。かれは悪人で、悪意があったわけではないが、意気地なしで、道義的な勇気に欠け、放蕩ものである」と批判している。

「サウスブレイントリーの強盗殺人事件で、陪審員の政治的、人種的、宗教的憎悪を最大限にかきたて」、現場にいなかったわたしたちを強盗殺人犯に仕立て上げた検察にたいし、弁護士ムーアは何も弁護できなかった（同前）。

弁護士トンプソンは、ヴェヒーやムーアと異なり、「すべての権力組織がわたしたちに敵対していたときに、弁護士を引き受けた」。かれは「最初の二人の弁護士たちがおこなったすべての過ちを解決しなければならなかった。それは、あまりにも困難で、不確かなものであった。しかし、かれが寝食を忘れて裁判に取り組んだことで、（アメリカの有力紙など）世論をわたしたちの方に導くことができた」と述べている。その上で、ヴァンゼッティは、「もし判事セイヤーが早急に決定を出さなければ、わたしはハンガーストライキを開始するであろう」と、残された最後の手段を示している。

再審請求棄却

判事セイヤーは、一九二六年一〇月二六日、マデイロスの自白にもとづく再審請求を棄却した。その理由は、マデイロスは常習的な犯罪者であり、死刑囚であるかれの自白は信憑性に欠けるというものであった。その際に、判事セイヤーは「この裁判が始まってから、新たな病が広がったように思える、それは、ヒステリー現象と言えるものである。その病は現実に存在しない何かが存在すると信じているものである」と述べたという。

マデイロスの自白にもとづく再審請求の棄却について、一〇月二九日のルイジーナへの手紙で、ヴァンゼッティは次のように書いている。「今回もまた、毒蛇のセイヤーは敵意ある行動に出た。驚くこともなければ、気落ちして落ち込むこともない。今や、ここアメリカでは全員がわたしたちを支持している。この棄却はいたるところで憤りと悲しみを引き起こしている。

大新聞は激烈に再審を主張している。弁護団も手早く対応している。全員が勝利を語るわけではないが、勝利するために必要なことをやろうということである」と記している。

一一月一四日のルイジーナへの手紙では、「判事セイヤーを知るものはかれから良いことは何も期待できない」と言い、「かれは狂っているというのが一般的な声である。かれの決定は誰も賞賛せず、世論、ボストンや世界の著名な人たちから非難されている。弁護士トンプソンは知事フラーに非常に期待しているが、わたしは違う。わたしが期待するのは仲間と労働者以外にはない」と述べ、追伸で「新聞や心ある人々は判事の罷免を要求している」と記している。

一二月五日のルイジーナへの手紙は、書簡集に収録されている手紙で最も長いものである。この手紙では、マサチューセッツ州最高裁判所と連邦最高裁判所の違いなどをルイジーナに詳しく説明している。その上で、一九二〇年五月五日の夜に、サッコとともに逮捕されたときから、現在にいたるまでの経過を秩序立てて記している。時には弁護士と判事・検事への怒りを露わにしている。

「われわれは州知事フラーに恩赦を求めた」、「知事は成り上がり者。金と虚栄心のぼろ着をまとった愚か者。狭量な上に臆病で、驚くほど頑固者。鈍感で無神経な反動であった」と述べ、「かれはわたしたちの信条を見くびり、理解できない」と記している。続けて、ヴァンゼッティは、「わたしたち人間が法律をつくったのであり、法律が人間をつくったのではない。しかし、権力を握るものは法律も牛耳り、自分の意志、自分の行動を法律に合致させて、それを利用する」と述べ、次のように記している。

マサチューセッツ州はわたしたちのあらゆる権利を否定することをあらかじめ決定していた。その理由の第一は再審でわたしたちが勝つことを知っているからである。第二は再審がおこなわれることで、最初の裁判の誤り、ごまかし、偽証のすべてが提示されるのを知っているからである。それは前例のないスキャンダルである。第三は、わたしたちを死刑とする殺人者はわたしたちが解放されて戻ってくることを恐れているからである。このことが、おそらく三つの理由のなかで最も強いものである。権力の座にある敵は、強力であるが、絶対的な力ではない。それは喜ぶべきである。

一九二六年一二月八日の手紙の追伸では、「悪い方に向かうこともあり得るが、また良い方に行くこともあり得る。わたしは恐怖と苦しみを乗り越えることを学んだ。わたしは楽しくあることを学んだ」と述べている。

年が明けて、一九二七年一月一六日の末妹ヴィンチェンツィーナと弟エットレへの手紙で、クリスマスプレゼントの「シャツ二枚、ハンカチ六枚、万年筆、インク瓶」への礼を記し、万年筆とハンカチは「とても助かり」、ハンカチは「母の思い出」のようであると綴っている。また、多くの支援者からも、クリスマスと新年のお祝いの手紙とともに、本、ネクタイ、絹のマフラー、そして一〇〇ドル近い支援金が届いていることを報告している。ヴァンゼッティは、新年を迎えるにあたって、「悲観的に考え、悪いことが起こらないように、行動することが賢明なことである。精神的には楽観主義でいなければならない。それは生活に必要なことであり、条件である」と述べている。

ヴァンゼッティは、同じ一月一六日のルイジーナへの手紙ではマサチューセッツ州最高裁判所への控訴について、「州の最高裁判所への控訴が今月の二六日から審議されることは確実と思われる。今や、すべてが当局と裁判所の意志にかかっている」と述べている。

マサチューセッツ州最高裁判所の控訴棄却

一九二七年一月二七日、二八日にマサチューセッツ州最高裁判所で控訴の審理がおこなわれた。二月四日の手紙で「弁護士トンプソンは最高に有能」で、審理は「大きな関心を呼び、国民、とくに上流階層に良い印象を与えた」とヴァンゼッティは述べている。その上で、マサチューセッツ州最高裁判所の決定は、「第一は最高裁判所が再審を否定する、第二は再審を認める、第三は判事セイヤーに再考の動議を出す」の三つのなかの一つであろうと述べている。三月一五日の手紙では、「二月末か三月の一週目に決定が出るのを待っていたが、まだ出ていない。遅れているのは良い兆候だと弁護士は言うが、わたしは逆である」と述べている。

チャールズタウン刑務所副所長は、一九二七年四月九日、マサチューセッツ州最高裁判所の再審請求の最終陳述のために出廷するヴァンゼッティを見送る際に、「あなたが釈放されたら、喜びで泣くでしょう」と言ったという。しかし、マサチューセッツ州最高裁判所は、弁護士トンプソンによる控訴を棄却し、一審の判事セイヤーによる二人の有罪判決を追認した。

ヴァンゼッティの最後のプロテスト

マサチューセッツ州最高裁判所での最終陳述で、サッコは、「わたしは雄弁家ではない。英語にも精通していない。わたしの盟友のヴァンゼッティがより長く話すであろうから、かれにその機会を譲りたい」と述べた上で、「わたしの人生のすべてを知っている」判事セイヤーは、「わたしが決して有罪ではないことを、昨日も今日も、そして永遠に、分かっている」と渾身の力を込めて判事を批判した。

ヴァンゼッティの堂々たる最終陳述は法廷にいたものに大きな感動を与えた。それは「自分のために」と考えるのは見当違いで、「じつはみなさんのためなんです」、「みなさんが何かの過ちを犯すことにならないためなのです」という、ソクラテスの弁明に通じる最終陳述であった。長いものであるが、わたしたちはそれに耳を傾けねばならない。

わたしの言いたいことは、サウスブレイントリー事件だけでなく、ブリッジウォーター事件でも無実ということです。この二つの事件で無実であるだけでなく、わたしは生涯で盗みを働いたことも、殺人を犯したことも、一滴の血を流したこともありません。これがわたしの言いたいことですが、すべてではありません。わたしは、物事の判断ができるようになってから、この世から犯罪を一掃するために戦ってきました。

わたしの両腕は強健で、金を奪うために街頭で人を殺す必要はありません。わたしは自分の両腕で、十分に生きられます。それどころか、わたしは額に汗を流してパンを得なくても生活できるのです。イタリアの父は経済的に恵まれています。わたしはイタリアに戻ることもできましたし、父も大手を広げて喜んで迎えてくれることでしょう。たとえポケットに一銭もなく戻ったとしても、父は所有する畑を耕させるか、商売をさせるでしょう。父や親戚も、そうするようにと、なんども手紙で書いてきました。

別のことをつけ加えたい。わたしはブリッジウォーターの強盗に加わっておらず、サウスブレイントリーの強盗と殺人もおこなっておらず、これまでの人生で金を奪ったり、人を殺したり、流血沙汰を起こしたりしたこともなく、あらゆる犯罪に粘り強く戦ってきましたが、それだけではありません。わたしは人を搾取することを不正と考え、財産、名誉、良い地位を得ることに逆らってきたのです。わたしは、投機を人に害を与えるとして、商売に手を染めることはありませんでした。それが正しいことと思わず、拒否してきました。わたしが生まれてこの方、自分の目で見た最高の人物、清廉潔白の士の言葉を、新聞は伝えています。その人は、善意と犠牲的精神でつねに人民に寄り添い、人民を愛する、人民の心のなかで長く記憶に残る人物です。その人、ユージン・デブスについて話します。かれは次のように言いました。ニワトリを食い殺した犬でさえ、わたしたちを陥れた程度の証拠で有罪判決を受けることはなかっただろう、と。

　陪審員の何人かは、自分の利己的な利益のために、あるいは自分たちの世界の繁栄のために、なんならば、自分たちの母親を有罪とすることも可能です。世界、全世界が正義に反すると判断することを有罪とすることが、かれらは可能であろうか？　それが正当か、不当であるかが分かるものがいるとすれば、それはわたしとニコーラ・サッコです。判事セイヤー、わたしたちを見てください。刑務所に閉じ込められて七年が経ちました。この七年間に、わたしたちが耐えてきたことは、どんな言葉でも言い尽くせません。わたしたちを直視しなさい。あなたの前でわたしたちは恐れおののきません。見なさい。わたしたちの目をまっすぐに見なさい。わたしは恥じ入ることもなく、顔色を変えず、恐れもしない。

裁判が始まったときから、いやわたしたちに会う前から、判事セイヤーは、わたしたちに心底から敵対していたことを知っています。かれは、顔を合わせる前から、わたしたちが弱者であること、過激主義者であることを知っていたのです。かれが、電車のなかで、ボストン大学のクラブで、マサチューセッツのウスターのゴルフクラブで、憎悪をむき出しにして、わたしたちを軽蔑して話題にしていたことを知っています。わたしたちに敵対している人たちが市民的勇気をもっていれば、判事セイヤーの発言を証言することは確実にできたのです。それはかれらの名誉にかかわることです。だが、判事セイヤーは一人の老人であるとして証言はしないでしょう。そうです、わたしの父もかれのように老人です。

判事セイヤー、あなたは、チャールズタウン刑務所に収監されている四四八人の強盗犯や強盗未遂犯のなかで、最も重い刑罰をわたしに科したのです。かれらの誰も、あなたがわたしに科した判決は受けていません。

それを調査する委員会が設立されれば、真実であるかそうでないか確かめることができるでしょう。チャールズタウン刑務所には、強盗を生業とし、アメリカ合衆国の刑務所の半数に出入りした経験をもつものがいます。かれらは窃盗を働くか、銃で人を傷つけたものです。たまたま、かれらは助かり、生き延びた。かれらの大部分が、自白あるいは共謀者の証言で、審理なしに有罪となり、八年から一〇年、八年から一二年、一〇年から一五年の刑が科せられた。かれらの誰も、窃盗を企てたとして、あなたがわたしに科した一二年から一五年の刑は受けていないのです。それ以上に、あなたはわたしが有罪ではないということを知っていたのです。長く住んでいたプリマスでのわたしの私的・公的な生活が模範的であることをあなたは知っていたのです。検事カッツマンが恐れたことの一つがまさにこのことだったのです。わたしたちの生活、わたしたちの行動の証拠が裁判所に届きました。検事カッツマンは、必死でそれらを除外しようとし、それに成功したのです。

もしプリマスの最初の裁判で弁護士トンプソンがわたしを弁護していたら、陪審員はわたしに有罪の評決を下さなかったことを、あなたは分かっている。わたしの最初の弁護士ヴェヒーは検事カッツマンの共謀者でしたし、今でもそうです。弁護士ヴェヒーはわたしを弁護しませんでした。かれは、ユダが三〇枚の金貨でイエス・キリストを売ったようにわたしを売りました。この男は間接的にわたしに打撃を与えられることのすべてをおこないました。かれは、陪審員の前で、まったく重要でないことを長々としゃべり、核心的な問題については少しだけ語るか、完全な沈黙を通したのです。このことすべてが、わたしを弁護するのは重要なことではない、わたしの弁護で提示する価値のあるものは何もないという印象を陪審員に与えるための、弁護士ヴェヒーの計画的なものであった。それは、まったく意味のない空虚な演説の言葉に終始し、核心的な点をやり過ごすか、沈黙した、きわめて弱弱しい抵抗であった。

わたしたちはすでに歴史となった時代に有罪を宣告された。それはわたしたちの出身地の人々、外国人、過激主義者にたいする恨みと憎しみが支配するヒステリー現象の時代のことをさします。判事セイヤーと検事カッツマンが、わたしたちにたいする陪審員の憎しみと偏見を煽るために、自分たちが有するすべてを利用したことは確かです。

陪審員は、わたしたちが戦争に反対していたので、最初からわたしたちを憎んでいました。陪審員は、次の違いを考慮しなかった。戦争を正しくないと考え、他の国民を憎まず、コスモポリタンであるがゆえに戦争に反対する人と、戦争に反対で、実際は敵を支持し、スパイをして、敵国を支援する目的で生活し、違法行為をおこなっている人との区別がなかった。わたしたちは、後者の人間ではなかった。検事カッツマンはそれをよく知っていました。カッツマンは、わたしたちが戦争の目的を信じないで、戦争に反対であることを知っていました。わたしたちは、戦争が正しくないと信じており、戦いが日に日に悲惨なものになると、ますますそれを信じるようになりました。わたしたちは戦争が正しくないという確信を強くし、ますます戦争反対になりました。それを人類愛というのであれば、わたしは絞首刑になっても満足です。

戦争前にわたしたちに語られたことのすべて、約束されたことのすべてが、嘘偽りで、幻想で、裏切りで、欺瞞で、犯罪です。自由を約束した。どこに自由があるのか？　繁栄を約束した。どこに繁栄があるのか？　わたしがチャールズタウン刑務所に入れられた日から、囚人の数は不幸にも二倍になりました。戦争が世界にもたらすはずの道徳的向上はどこにあるのか？　戦争に続いて達成されるはずの精神的進歩はどこにあるのだ？　人間の尊厳と善意への尊敬と賞賛はどこにあるのだ？　戦争以前には、今日のような多くの犯罪、多くの腐敗、多くの退廃は存在しなかった。

良く記憶しているのだが、裁判中に、検事カッツマンは陪審員の前で、コアッチなるものが、わたしとサッコがサウスブレイントリーで奪ったとされる現金をイタリアにもち帰ったと明言した。わたしたちはそのお金を絶対に奪っていない。しかし、検事カッツマンは、陪審員の前でこのことを断言したとき、それが真実でないことをよく知っていた。わたしたちの逮捕の後に、コアッチが連邦捜査官によってイタリアに追放されていたことを知っている。わたしは良く記憶しているのだが、かれを連行した連邦捜査官は移送前にかれの鞄を取り上げ、徹底的に検査したが、一銭も発見できなかった。ここで、言おう。被告あるいはその友人、あるいは仲間、あるいは縁者、あるいは知人が、お金をイタリアにもち帰ったということが正しくないことが分かっていたときに、陪審員の前でそれを主張するものこそ人殺しであると。それは殺人、単なる殺人としか呼べない行為だ。

検事カッツマンが、不正にもわたしたちを陥れたこと以外のことも述べておきたい。わたしには分かるが、裁判中に一つの合意があった。それは、弁護側がプリマスにおけるわたしの品行方正について証拠を提示しない代わりに、検察側はわたしがすでにプリマスで裁判を受け、有罪となっていることを陪審員に公表しないというものである。この合意は偏ったものであるように思える。実際のところ、デダムでの裁判中に、電信柱でさえわたしがプリマスで裁判を受け、有罪になっていたことを知っていた。陪審員たちは、眠っていたときにもそれを知っていた。

弁護側がいかなる理由で検察側と同意のようなものをしたのか分からないが、カッツマン側には理由があったことを良く知っている。プリマスの住民の半分が、七年間住んだ町で、わたしが酔っ払ったところを一度も見たことがなく、その生活集団のなかで最も力があり、粘り強い労働者として知られていたことを証言するために、裁判所に証言に来るであろうことを知っていたからです。かれらはわたしを「ラバ」と呼び、わたしの父の生活状態とわたしの独身生活をよく知る人たちは驚嘆し、「あなたは狂ったように働くだけで、あなたを思いやる妻や子どもをもたないのはなぜか?」と言っていました。

検事カッツマンは、この合意に満足していたと言えるでしょう。かれは神に感謝し、運のいい男と讃えられることができたでしょう。しかし、かれは満足していなかった。かれは約束を反故にし、わたしがすでに裁判所で判決を言い渡されていると陪審員に言ったのです。その発言が裁判記録に残っているか、あるいは削除されているか知らない。しかしわたしは自分の耳でそれを聞きました。プリマスの二名、三名の女性が証言するために裁判所に来て、証言席に着くやいなや、カッツマンは彼女たちにヴァンゼッティのためにこれまで証言したかどうかをたずねた。彼女たちのすでに証言したという返事に、かれは「あなたたちは証言はできない」と繰り返したので、彼女たちは退席した。続いて、検事カッツマンは、わたしがすでに判決を受けていることを陪審員に言いました。かれがわたしの人生を破壊し、破滅に追いやったのは、この誤った方法によってです。

検事カッツマンは、弁護側が裁判の進行を遅らせるために、さまざまな妨害工作をしたと言いました。それは正しくありません。その主張は不法なものです。検察、州は証拠調べに丸々一年を、すなわち裁判が続いた五年のうちの一年を意味しますが、最初の裁判を開始するためだけに、費やしたのです。弁護側は判事セイヤーに再審を求めました。あなたは返答を留保しました。しかし、わたしはあなたがすでに返答を決定していたと確信しています。裁判が終了したときから、わたしたちが求めるあらゆる再審を棄却する決定を心で決めていたのです。あなたは、その決定を公にするのに適した日、クリスマスイブ、クリスマスの夜まで、一月あるいは一月半待ったのです。わたしたちはクリスマスの夜の物語を、歴史的にも、宗教的にも信じません。あなたはわたしたちイタリア人の多くの人がまだその物語を信じていることを知っているのでしょうが、わたしたちがそれを信じないからと言って、人間ではないという意味ではないのです。わたしたちは人間です。クリスマスは個々人の心に甘美なものです。わたしたちの家族や愛する人々の心を苛ませるためにクリスマスの夜に、あなたは決定を示そうと考えたとわたしは思います。

弁護側は再審を請求するために、あなたが決定を下すためにとった時間以上はとれなかった。二度目であったか、三度目であったか記憶していないが、あなたはわたしたちに返答するために一一ヵ月、あるいは一年間わたしたちを待たせた。あなたは、再審の審理を開始する前に、それを棄却することを決めていたことを確信しています。あなたは、わたしたちにそれをおこなうのに一年をかけたのです。

わたしたちが、カリフォルニア出身の二番目の弁護士を得たのは不幸でした。かれは、ここに来て、あなたたちから、すべての公的機関から、また陪審員から陶片追放を受けた。マサチューセッツ州のどこも偏見と無縁ではない。それは自分たちが世界で一番立派で、自分たちに伍するものは他にいないと信じているからです。結果として、わたしたち二人を弁護するためにカリフォルニアからマサチューセッツに来た弁護士ムーアは、破滅させられることになるのです。

最初の弁護士はわたしたちを護ろうとしなかった。わたしたちに有利な証人も証拠も集めなかった。弁護士の役割は大変です。最初の裁判記録は哀れなものである。その半分以上が紛失したと言われる。弁護側の仕事は証拠や証人を集め、検事側の証人が主張することを理解し、それに反対尋問をしなければならず、大変である。このことすべてを考慮すると、弁護側は検察側の時間の二倍が必要であることが分かる。それは道理にかなっているであろう。しかし、残念ながら、弁護側は検察側よりも時間が少なかった。

わたしの言いたかったのは次のことです。犬であろうと蛇であろうと、地上の最も哀れで、不幸な生き物にすら、わたしのように犯していない罪で苦しんでほしくはありません。しかし、わたしの信念は別のことです。すなわち、実際にわたしは、自分の犯した罪で苦しんでいることです。わたしが急進主義者であるために苦しみを味わっています。実際、わたしは急進主義者です。わたしはイタリア人であることで苦しみに耐えています。そうです、わたしはイタリア人です。わたしは、自分自身のためよりも、わたしの家族、わたしの愛する人たちのことで苦しんでいます。しかし、あなたたちがわたしを二度にわたって殺す権利をもっているとすれば、わたしはこれまでおこなってきたことを再びおこなうために、二度生まれ変わり、新たに生きることが正しいことだと確信しています。これで終わります。ありがとうございました。

語り終えたヴァンゼッティが周りを見渡すと、「女性は泣き、男性は口を食いしばり、顔をゆがめ、引きつった表情をしているのが見えた」。弁護士トンプソンが近づき、ヴァンゼッティの手を握りしめ、エヴァンズ夫人をはじめ多くの支援者に取り囲まれた。かれに近づけない年老いた司祭が遠くから「ブラボー、ヴァンゼッティ、よく話した」と叫んだ。フランクファーター教授は「この陳述のように感動したものはない」、控訴の棄却の決定は「文字通り、立証可能な誤りが満ちており、司法精神とは無縁の党派的なものである」と述べている。

図版14　公判中にサッコとヴァンゼッティと会話するサッコの妻ロジーナ

判事セイヤーをかばう法曹界

ヴァンゼッティは、一九二七年四月一〇日のルイジーナへの手紙で、「残念ながら、昨日、マサチューセッツ州最高裁判所が控訴を棄却した。良い結果を期待はしていなかったが、決定は最悪で、異常であり、不可能なことに思える。しかし事実である」と述べ、「疲れ切り、意気消沈したサッコは、弁護側が準備している新たな控訴に合意しない」と記している。続けて、弁護士トンプソンは「最後まで戦う」と言っているので、連邦最高裁判所に控訴するであろうと述べている。

マサチューセッツ州最高裁判所が控訴を棄却した直後から、知事フラーには、世界中から抗議と寛大な措置を求める数多くの嘆願書が届いた。新聞記者フィル・ストングは、サッコとヴァンゼッティのインタビュー記事を、五月一二日、『ニューヨーク・ワールド』紙に書いた。その反響は大きく、マサチューセッツ州の裁判所で、七年間も納得いくような審理がおこなわれずに、人の命が奪われていいのか、という抗議の声が一段と広まっていた。五月二七日には、再審や慈悲を求める一万七〇〇〇を超える手紙が世界各地から知事フラーに寄せられた。くわえて、救援委員会に届いた五〇〇万人の助命の署名も知事に届けられた。

今や、サッコとヴァンゼッティの生命は州知事フラーにかかっていた。ヴァンゼッティは、一九二七年五月七日のルイジーナへの手紙で、「マサチューセッツ州の憲法は、州の最高の行政権の保持者である知事に、温情によるものであれ、正義によるものであれ、いかなる判決でも取り消す、あるいは変更する権限を与えている」と述べている。同じ手紙で、ヴァンゼッティは、「わたしは資本家的な裁判所の判事からの恵みをまったく期待していない」、「裁判が始まる前から、判事はわたしたちを殺人罪にすることを決めていた」と激しい怒りを露わにしている。

さらに、ヴァンゼッティは、マサチューセッツ州の判事たちは「反動的な結社」を組織して、「判事セイヤーを当然支持する」と書いている。なぜなら、「マサチューセッツ州の判事たちは、法曹界の身内を護るために、法的権威を保持するために、たとえ誤った判決でも、セイヤーを支持する」と、ヴァンゼッティは言うのである。

ヴァンゼッティは、特赦を決定できる知事フラーに、寛大な措置を求める請願書を提出することになるが、サッコは権力者への嘆願は無意味だとして、それを拒否した。知事フラー宛のヴァンゼッティ家の嘆願書の草案は、四月一一日のルイジーナへの手紙で見ることができる。

わたしたち、バルトロメーオ・ヴァンゼッティの父、妹、弟、親族はかれの無実を心底から信じ、苦悩しております。マサチューセッツ州の最高の権力者として、貴殿の権限を、わたしたちの家族と不運な仲間であるサッコのために、人間として、行使されることを祈願します。二人は無実であり、わたしたちの親族もかれらの無実を信じております。かれにとって、またわたしたちにとって、言葉では言い尽くせない苦悩と悲しみの七年は、人々の誤解と憎悪で余りすぎるほどの代価を支払わされました。これは、わたしたちの血の叫びであることを、フラー閣下、お許しください。

一九二七年五月一日のルイジーナへの手紙で、書き直した最終的な嘆願書を、五月三日に、州知事フラーに提出することを報告し、「わたし自身、わたしたちにとって、それは、州知事の心、そしてこの喜劇、いや茶番の殺人の最終結末に、いかなる影響も与えないことを分かっている」と述べている。ヴァンゼッティは、七年間のことを思い出し、湧き上がる怒りの感情を抑えながら嘆願書の苦労話を、「君が涙を出して笑うであろう話を直接に話して聞かせる」とユーモアを加えて伝えている。

知事フラーへの期待

知事フラーは、世界的な広がりを見せていた救援、抗議運動を考慮してか、弁護士トンプソンの強い要望か、サッコ・ヴァンゼッティ事件の特別の調査委員会を設置することを決定した。しかし、五月二四日のルイジーナへの手紙では、「特別の調査委員会による公的な点検は、わたしたちを釈放することになるだけでなく、マサチューセッツ州の裁判所の醜態を世界にさらすことになるであろう。知事はそのことが分かっているので、委員会のメンバーを指名しない」、「もし知事がすべてを否定したら、あり得ることだが、弁護士トンプソンは何をするか、何ができるか、わたしには分からない」と揺れ動く気持ちをヴァンゼッティは記している。

五月二九日には「最高の知らせだ」で始まる次のような内容の手紙を書いている。「昨夜、夜の八時ごろ、差し入れのおいしいリンゴを食べていた」ときに、弁護士トンプソンが独房の前に来て「ヴァンゼッティ、知事がついに調査委員会を指名することを決定したことを伝えるために来た」と言った。ヴァンゼッティは、感謝の気持ちとして、トンプソンにアメリカ製の葉巻を差し出すと、かれはそれを受け取らずに、「わたしがもらうのは恥知らずで、君にわたしの葉巻をあげたいのだ」と言ったという。

同じ手紙で、ヴァンゼッティは、その特別委員会に期待を託して、次のように書いている。

プリマスの裁判で有罪判決を受けてから今日まで、マサチューセッツ州は徹底的にわたしを責め続け、それがあまりに恥ずべきで、危険なことと思われても、刑務所に永遠に留め置くことを考えていた。知事は可能なかぎりの不幸をわたしに与えようと、いつも考えていた。時の反動の勝利もあって、敵は自分たちの思い通りにできると考えていた。

そのころ、サッコは、再びハンガーストライキを三〇日間続け、半生半死の状態でデダム刑務所からボストンの病院に移され、どうにか健康を回復していた。

ローウェル委員会の発足

知事フラーは、一九二七年六月一日、一般にローウェル委員会として知られる特別委員会を発足させ、三人の委員を任命し、サッコ・ヴァンゼッティ事件の再調査を諮問した。委員は、ハーバード大学総長アボット・ローレンス・ローウェルを委員長に、マサチューセッツ工科大学学長サミュエル・ストラットン、遺言検認裁判所の前判事ロバート・グラントであった。委員長のローウェルは、マサチューセッツ州の知的エリート層を代表する人物で、ボストンを「アメリカのアテネ」と誇る人物であった。弁護士トンプソンは判決から七年となろうとしている事件を数週間で再検討するのは不可能と考えていた。

六月二九日、マデイロスの告白も含めてすべての証拠を検討させるローウェル委員会に調査の時間を与えるために、知事フラーは、二人の死刑の執行を八月一〇日まで延期することを決定した。

その一方で、サッコとヴァンゼッティは、七月一日夜中に、デダム刑務所からチャールズタウン刑務所に移送されていた。それは死刑執行二週間前におこなわれる措置であった。ヴァンゼッティは、それを予感したのか、移送の数日前に、「まだ、同じ宿の、同じ部屋、同じ番号の一四号に住んでいます。七月一日、おそらく死刑囚の部屋に移されるでしょう。そこで……

永遠に」と、支援者の一人であるヘンダーソン夫人に、手紙を書いている。

ローウェル委員会は、一九二七年七月から審理を開始し、非公開の聴聞会を開き、資料も再調査した。その資料には、それまで検察官が隠していたブリッジウォーター事件直後にピンカートン探偵事務所が作成した報告書なども含まれていた。ローウェル委員会は、弁護側と検察側双方から聞き取り、ブリッジウォーター事件でヴァンゼッティのアリバイ証言をおこなったベルトランドの他に、マデイロスにも聴聞している。

ヴァンゼッティは、七月一四日のルイジーナへの手紙で、「先週、ローウェル委員会の委員と会見した」と述べ、ハーバード大学総長のローウェル教授とマサチューセッツ工科大学学長のストラットンは「非常に学識のある、理性的で、心のある人物で、いかなる動機であれ、有罪の判断をすることはないであろう」と述べている。だが、「グラント判事はかれが展開した規範と思想から、わたしたちの敵である、かれとよく似たセイヤーを支持する勢力のために、わたしたちに有利な証拠を取り上げる意志はないという印象を得た」と書いている。七月一八日の手紙でも「他の二人の著名な委員はグラントよりも確実に優れている」が、グラントは知事を守ろうとする勢力に与していると批判的であった。

ローウェル委員会が重視したのは、サッコの銃から発射されたとされるピストルの銃弾の鑑定であった。その鑑定をあらためておこなったのはカルヴァン・ゴダードであった。かれは、警備員の遺体から摘出された銃弾はサッコの銃から発射されたものであるとした。

知事フラーは、七月二二日、刑務所の二人を訪ねている。サッコは知事フラーとの会見を拒否した。ヴァンゼッティは、七月二八日のルイジーナへの手紙で、知事と二回、それぞれ一時間半にわたって話したが、「想像していたよりもはるかに良い人物に思える。かれの見方、考え方は誠実で、正直で、善意の人である」と述べている。

ローウェル委員会の答申

ローウェル委員会は、証言などの審理を終え、弁護士トンプソンからも意見を聞き、一九二七年七月二七日、最終結論を知事フラーに提出した。ローウェル委員会の答申は、裁判は法律に則って、遺漏なくおこなわれ、手落ちもないもので、死刑判決は妥当というものであった。弁護士トンプソンは、七月二九日、州知事フラーと八時間に及ぶ討議をおこなった。二人が何を八時間も話したのか、それは分からないが、トンプソンがローウェル委員会の答申について激しく抗議したことは想像にかたくない。

知事フラーは、八月三日、ローウェル委員会の答申を踏まえて、次のような決定を発表した。二人の被告にたいする判事セイヤーの判決は法律に則っておこなわれ、二人のアリバイは確実なものでなく、判決にはいかなる予断も挟む余地はなく、弁護側が提出した証拠は再審をおこなうには不十分で、死刑の判決を正当とした。くわえて、死刑囚マデイロスの自白は信用できないというものであった。

ローウェル委員会は、サッコとヴァンゼッティを無罪にする、あるいは寛大な措置を認めることが、マサチューセッツ州の法的権威を損なうと考えたのであろうか。マサチューセッツ州の法制度はイギリスのものを基礎とし、アメリカ合衆国で最も古いもので、自分たちの法制度は完璧であり、外部の圧力に譲歩して裁判の誤りを認めることは、マサチューセッツ州知事のプライドとしてできなかったのであろうか。

時が経た一九七八年二月一日の『ニューヨーク・タイムズ』紙によれば、ハーバード大に所蔵されていたローウェル委員会の記録によると、「サッコとヴァンゼッティを無罪と信じることは、シェイクスピア劇の本当の作者がシェイクスピアではなくベーコン（哲学者フランシス・ベーコン）と信じるのと同じように、確たる証拠がないのに、永遠に続くだろう、とわたしは思っている」と委員長ローウェルが記しているそうである。ローウェルのような知的エリートの頂点にある人物が、冤罪を晴らすための調査委員会の責任者となったことは、二人にとって、世界中の支援者にとって、悲劇であった。

弁護士トンプソンにとって、ローウェル委員会が出した結論は、マサチューセッツ州の司法制度にたいする信頼を損なうものであり、かれの失望は大きかった。刀折れ矢尽きた弁護士トンプソンは、八月四日に弁護を辞任した。かれに代わって、二人の弁護を引き受けたのはハーバード大学教授フェリックス・フランクファーターである。かれは、一九二七年三月、『アトランティック・マンスリー』誌に、サッコ・ヴァンゼッティ裁判を批判し、再審を要求する論文を発表していた。

フランクファーターは、法律家として尊敬するトンプソンが再審請求の弁護人として「事件はでっち上げだ」と告発したことや、「膨大な調書を読んだとき、そのときに、何かが生じ」、この事件に強い関心をもつようになったと述べている。

フランクファーターを主任とする弁護団が一九二七年八月六日に発足し、死刑判決の撤回と再審を要求し、連邦最高裁判所に請願をおこなった。弁護団は、一六七九年にイギリス議会が国王チャールズ二世の暴挙を止めた人身保護法を求めるなど、残された最後の努力をおこなった。しかし、連邦最高裁判所は州の裁判には介入できないという返答であった。

巴金《ばきん》からの支援の手紙

六月二二日には、世界のさまざまな社会階層の四八万人が署名した嘆願書、その数週間後にスイス労働同盟の一五万三〇〇〇人の署名の嘆願書に加えて、電報や手紙、抗議文が知事フラーのもとに殺到した。

ヴァンゼッティに直接送られた激励の手紙もあった。そのなかに、パリに滞在する、後に中国を代表する作家となる若き巴金《ばきん》（一九〇四―二〇〇五）の手紙があった。近藤光雄の「巴金のアナーキズム思想とサッコ・ヴァンゼッティ事件への関心」と題する論文によれば、バクーニンやクロポトキンのアナーキズムの影響を受けた巴金は、フランスの新聞記事を読み、サッコとヴァンゼッティがアメリカで七月一〇日以降に死刑に処されることを知った。巴金は、ヴァンゼッティの『一人のプロレタリアートの生涯』を偶然に入手した。

僕が今にも滅亡しかけていたとき、突然ある日、本屋で偶然にも魚の行商人が英語で書いた小冊子を手に入れた。そのなかの一節――「わたしは、どの家庭も住処をもち、どの口もパンにありつき、どの心も教育を受け、どの〔人間の〕智慧も光明に満ちていることを願っている」――が僕の目に止まった。

この文章に感動した巴金は直ちに獄中のヴァンゼッティに手紙を書いた。ヴァンゼッティがパリにいた「親愛なる若き同志」である巴金に書いた一九二七年七月二三日の返信は、救援委員会が複写して保存していたものをまとめた『サッコとヴァンゼッティの手紙』（一九二八年）にも収録されている。それは、救援活動の世界的拡大とともに、中国のアナーキストとヴァンゼッティの交流を示す貴重なものである。

七月一一日付のあなたの手紙を数日前に受け取りました。それを読み返すたびに喜びを感じます。青年は人類の希望です。なんと驚くではないか、われわれの弱体化した腕からゆっくりと落ち始めている最高に美しい無政府主義の旗、自由の旗を引き上げ、しっかりと高く掲げようとしている一人であると言われると、心が勇み立ちます。

この文章から、ヴァンゼッティが、若い中国人アナーキストの支援者に感動しているのが分かる。その上で、「おそらく、あなたはプルードンをわたしよりも知っていると思いますが、かれの「戦争と平和」を読むことを勧めます」と述べている。なお、前掲の書簡で示したように、ヴァンゼッティは獄中で、プルードンが一八六一年に書いた「戦争と平和」をイタリア語から英語に翻訳している。

また、自著の『一人のプロレタリアートの生涯』を、ヴァンゼッティは「わたしの友人があなたに送るのを忘れたに違いありません。あるいは残部が少なくなっているのかもしれません。ともかく、近いうちにあなたにそれが届くように手配します」と述べている。

ヴァンゼッティ家の要求を拒否した知事フラー

サッコとヴァンゼッティは、八月二日、処刑用の独房に移された。ヴァチカン市国は二人に慈悲が示されることを表明した。教皇ピウス一一世は、教皇庁の国務長官を通じて、人道的な観点から、二人が「七年間にわたって投獄されていることは、特赦とするに十分に値する」とアメリカ当局に伝えた。ローマ教皇庁の『オッセルヴァトーレ・ロマーノ』紙は、「死刑執行の延期は正義あるいは慈悲の道に一条の光をもたらす」と報道した。しかし、八月三日、知事フラーはサッコとヴァンゼッティへの慈悲を否定した。その上で、ヴァンゼッティ家から出されていた寛大な措置の要請を、州知事フラーは却下した。

知事フラーが慈悲を否定した翌日の一九二七年八月四日、サッコは、妻ロジーナと救援委員会の中心的メンバーであるアルディーノ・フェリカーニを伴って刑務所を訪ねた弁護士トンプソンから、その決定を聞かされた。そのことについて、サッコは次のように記している。

かれらは、知事フラーがわれわれを圧殺することを決定したことを伝えるために来た。知らせに驚くことはなかった。というのも、資本家階級は革命の良き兵士に哀れみをかけないことを知っているからである。われわれはすべてのアナーキストが死なねばならないように、死んでいきます。兄弟たちよ、仲間よ、今、われわれを救うことができるのは、君たちだけです。わたしたちは知事を信じてはいませんでした。なぜなら、知事フラー、判事セイヤー、検事カッツマンが人殺しであることを知っているからです。

ヴァンゼッティは、知事フラーと面談したことで生まれた微かな希望が裏切られたことで、「ごく普通の人間をあたかも犬、蛇、蠍のように扱う」知事フラーは、「友人のように握手し、公正な考えをもっていると信じさせたのです。今、わたしたちの無実のすべての証拠を無視し、否定し、わたしたちを侮辱し、わたしたちを殺すのです。わたしたちは無実です。これは、自由と人民にたいする金権政治の戦いです。わたしたちはアナーキストのために死にます。アナーキスト、万歳」と記している。

死刑執行を遅らせたフラー知事

八月五日の夜、死刑執行官が、医者と司法官を伴って、チャールズタウン刑務所に到着した。そのとき、チャールズタウン刑務所は、戒厳令下の要塞のように、サーチライトで照らされ、二重、三重に警察官が警備し、騎馬警察が巡回していた。警察官は銃剣と銃で武装し、刑務所の壁の上には機関銃が備えられていた。

二人の死刑執行に抗議する人々は、刑務所の周辺から完全に排除されたことで、マサチューセッツ州政府の建物の周りや新聞社の前に集まっていた。八月五日夜、ニューヨークの地下鉄駅、フィラデルフィアの長老教会など、アメリカ各地で爆弾事件が起こった。ニューヨークでは一万四〇〇〇人の警察官が動員され、治安の維持にあたっていた。八月七日、パリでは五〇〇〇人、ロンドンのトラファルガー広場では一万人が、抗議集会に参加した。八月一〇日から二三日にかけて、世界のアメリカ大使館は不測の事態を恐れて、警察や兵が動員され、守られた。

知事フラーは、八月一〇日の二三時二四分、電気椅子の電源がおろされる三六分前、サッコとヴァンゼッティの死刑執行を、八月二二日の二三時二三分まで延期すると発表した。その理由は、ローウェル委員会の報告を受けた知事フラーの決定の後に、新しい弁護団から提示された諸問題を再検討する時間が必要であるというものであった。その日から一二日間、八月一〇日以前の一週間を凌駕するほど激しい抗議運動が世界中で繰り広げられた。

一九年ぶりのルイジーナとの対面

死刑執行が刻一刻と近づき、救援委員会は、「ヴァンゼッティは元気ですが、知事の決定が期待に反するものであれば、死刑となる八月一〇日までに妹と会いたいと望んでいる」とイタリアのヴァンゼッティ家に電報を打っていた。ルイジーナは直ちにアメリカ行きを決意した。ルイジーナは、七月二二日、ヴィッラファレットを発った。死刑執行の前に兄に会うために、一刻も早くアメリカに着きたいルイジーナだったが、パリ在住のイタリア人亡命者やフランス人のアナーキストたちの要求を断り切れずに、サッコとヴァンゼッティの救命運動の集会に参加した。

ルイジーナは、死刑執行が八月二二日に延期されたことをパリで知った。死刑執行前に、一目でも兄に会いたいと心ははやったが、ルイジーナのアメリカ行きは遅れた。フランス当局がアメリカ行きを認めず、留め置かれたからである。彼女は、ムッソリーニ政府が認めた旅券を所有していたが、フランス当局は乗船を認めるための労働契約書の提出を、アメリカ側の指示として求めた。最終的に、彼女が所有する往復の乗船券を提示したことで乗船が認められた。

八月一三日、ルイジーナはシェルブール港でアメリカ行の船に乗り、八月一九日にニューヨークに着いた。サッコの妻ロジーナ、救援委員会のフェリカーニなどが彼女を出迎えた。翌二〇日、ルイジーナは、ロジーナとフェリカーニに伴われて刑務所に行き、兄と会った。

ルイジーナが兄と最後に別れてから一九年の歳月が流れていた。面会室の前に現れた、げっそりと頬の肉が落ち、痩せこけた兄ヴァンゼッティを、ルイジーナは一瞬認識できなかった。刑務所所長の特別の計らいで、ヴァンゼッティは獄から出され、小さな部屋で、二人は抱き合って、涙の涸れるまで泣いた。部屋の片隅の椅子に座り、手を握り合って、語り合った。

その後に、ルイジーナとロジーナの二人は知事フラーにも会った。ロジーナは二人の子どもの父親サッコの釈放を知事フラーに嘆願し、ルイジーナは手にロザリオをもって、知事フラーの前にひざまずいた。

日付がないが、内容からしてルイジーナと会った二〇日の後、ヴァンゼッティは弁護士、友人、そしてルイジーナに宛てて、感謝の手紙を書いている。

図版15　パリでの集会に参加したルイジーナ

図版16　刑務所を訪ねたルイジーナ（右側）とサッコの妻ロジーナ

　わたしは無実だ！と、顔を高く上げることができる。わたしの心は清い。自由と正義のために生きてきたように死のう。ああ、わたしが死刑の判決を下された恐ろしい罪のために死ぬのではないことをすべての人に言いたい！　いかなる判決であれ、判事セイヤーであれ、知事フラーであれ、マサチューセッツのような反動的な州であれ、罪を犯していないものを殺人者にすることはできない。わたしの心は、親しい人たち全員への愛であふれている。かれらに何と言えるか、さらばか？　わたしの親しい友達、わたしを弁護してくれた人たち。あなたたちに、哀れな心の愛のすべてを。自由のために倒れる一人の兵士の感謝を。あなたたちは信念と勇気をもって戦った。失敗をあなたたちに負わせるものではない。絶望しないように。人間の自由と独立のための闘いを続けてください。

愛する妹よ、君に再会し、君の愛と励ましの優しい言葉に耳を傾けることは何という喜びか。でも、わたしに会うために妹に大西洋を渡らせたことは大変な間違いであったように思える。わたしの死に直面した苦しみに立ち会わせたこと、わたしが立ち向かわねばならない苦悩を見せてしまったことにあなたはどれだけ傷ついたことか。あなたが身体を休め、元気が出たときに、イタリアに帰り、わたしの親しい人たちに、愛と感謝の気持ちを伝えてくれ。

わたしは無駄に苦悩を味わったのではないことを知っている。まさに、自分の十字架を嘆くことなく背負うからである。まもなく、兄弟たちは自分の兄弟と争わなくなるでしょう。子どもたちは、青々とした草原で、太陽の光を奪われることはないであろう。みんなの口にパンが、一人に一つのベッドが、みんなの心に幸せが来る日は遠くない。それこそ、あなたたちの、わたしの、そしてわたしの仲間と、友達の勝利でしょう。

ヴァンゼッティは、最後の最後まで、兄に会うために遠いアメリカの、それも刑務所まで妹を来させたことに気を遣い、思いやる人間で、そして人間の自由と幸福を願う高潔な人間であったことが分かる。

サッコの子どもたちへの最後の手紙

サッコは、一九二七年七月一九日、かれが逮捕された後に生まれた娘のイネースに手紙を書いている。

あなたはまだ小さいので、理解するのは難しいでしょう。でも、父親であるわたしがあなたをどれだけ愛しているかを心の底から分かってもらいたいのです。もし分からなければ、この手紙をとっておき、大きくなって読み直してみれば、お父さんが書きたいと思っている、胸が張り裂けるような愛を感じることでしょう。わたしは、あなたの可愛い手紙をいつももっています。わたしの生命の最後の時まで胸の上においておきます。亡くなったときに、その手紙は、あなたが愛するお父さんとともに埋められるでしょう。イネース、あなたの手紙がお父さんにとってどれだけ大切で、大きなものである分からないでしょう。それはあなたがわたしにできた最も大切な贈りもので、この悲しい日々のなかでわたしを慰めてくれるものです。あなたと、ダンテ兄さんとお母さんと一緒に小さな農家で生活し、あなたの心のこもった可愛い声を聞きながら、あなたの愛を感じることができるという夢は、わたしの戦いの日々で最も大きな宝物で、最も大きないたわりでした。この古ぼけた瀕死の社会の人々は、あなたの兄さんから、あなたの可哀そうなお母さんの手からわたしを引き離してしまいました。それでも、あなたのお父さんの自由の精神と信念は生き続けています。わたしは、この信念と、いつの日か友達や仲間たちと生きて会うことができて、あなたたちのお母さんと口づけできるという夢で生きてきました。不運はわたしにあるのです。

サッコは、まだ幼いイネースに、「最後の日まで、わたしに書いてくれた手紙をもっていきます。この手紙をお墓にわたしと一緒に入れていいね」と、胸が張り裂けるような気持ちを手紙で伝えている。

サッコはハンガーストライキが三〇日目になり、身体は衰弱し、歩くこともできず、担架で運ばれる状態であった。かれは、死刑執行の延期が発表されると、妻や支援者の説得で、食事をとるようになり、一九二七年八月一八日、一〇歳の息子のダンテに手紙を書いている。

わたしはハンガーストライキをやめました。それは、もう一度、妹イネース、お母さん、すべての友達と、仲間とキスをしたいからです。息子よ、今日、ゆっくりと、静かに生命が息を吹き返し始めました。でも見通しは暗く、悲しみと死の影は消えません。ダンテ、君のお母さんのように、七年間、すべてが虚しく、あまりにも多くの、無駄な涙を流しすぎたからです。息子よ、泣く代わりに、お母さんを慰めるために強く生きてください。いつも覚えておきなさい、ダンテ、遊びの楽しみはすべて自分だけのものとせず、助けを求めて声をあげる弱い人を助けてあげなさい。迫害を受けている人、犠牲となっている人を助けてあげなさい。なぜなら、このような人は君の最良の友達だからです。かれらはお前の父親やバルトロ（ヴァンゼッティ）のように闘い、倒れた仲間だからです。かれらは、すべての人のために、貧しい労働者のために、喜びと自由の獲得のために、闘い、倒れたのです。

日本でサッコとヴァンゼッティの救援運動をおこなっていたアナーキストの詩人草野心平は、サッコが息子ダンテに書いたこの最後の手紙を、一九三二（昭和七）年に英語から訳している（『草野心平全集』第一二巻、筑摩書房、昭和五九年、二九三頁）。子ども好きのヴァンゼッティは、死刑執行の数時間前に、サッコの息子ダンテにも心のこもった手紙を書いている。

わたしが知っている君のお父さんのことをすべて話しておきたい。お父さんは犯罪者じゃない。お父さんは、わたしが知っている人のなかで最も勇気ある人の一人です。君のお父さんは、すべての人に自由と正義をという信念のために犠牲となったのです。いつか、君のお父さんを誇りに思うであろう。もし勇気のある人間に成長すれば、圧制と自由の闘いに身をおくであろうし、わたしたちの血の恨みを晴らしてくれるでしょう。

サッコとヴァンゼッティは連名で、救援委員会に、八月二一日に感謝の手紙を書いている。サッコは、家族に宛てて、「歌をうたいながら、誰も消し去ることのできない希望をもって、死に向かいます」と書いている。

州知事フラーは、無実の二人の死刑執行をさらに延期、あるいは中止させるために、最後まで奔走していた弁護士を呼び、提出されていた死刑執行の延期を認めないことを伝えた。

最期を迎えた二人

二二日の夜、刑務所所長の特別の計らいで、ルイジーナは兄ヴァンゼッティと、ロジーナは夫サッコと、短い時間であったが、面会している。今や、四人とも涙は涸れ果てていた。ヴァンゼッティは、弁護から手を引いていた弁護士トンプソンと話すことを求めていた。かれは、日も落ちて暗くなり始めていたときに刑務所に到着した。

弁護士トンプソンは、死刑執行後に予想されるアナーキストの仲間による報復行為を回避する声明を出すように、ヴァンゼッティに求めている。それにたいして、ヴァンゼッティは、次のように答えたと記している。

> 自分にたいする非道な判決のためにいかなる個人的な復讐も望まない。しかし、人類の幸せのためのすべての偉大な運動は、権力の横暴と悪に対抗して、自らの生存をかけて戦うものである。そのために、あなたが求めた声明のような、屈辱的な助言を友人たちにおこなうことはできないが、女性や子どもたちに害をもたらす暴力には反対する。

トンプソンは、サッコとも強く握手をして、最後の別れを告げた。トンプソンは、一九二七年八月二二日の死刑執行の数時間前におこなったヴァンゼッティとの会見について、次のように記している。

わたしは、ヴァンゼッティの精神力の強さと、かれの読書と知識の広さに強烈な感動を覚えた。かれは狂信者のように話すことはなかった。たとえ、自分の考えの正当性を強く信じていたとしても、異なる考えの表明に落ち着いて忍耐強く耳を傾けることができた。この最後の時にあっても、弁護士としての三年間に強まったかれにたいするわたしの印象はさらに深まり、かれが知的能力と利他的な感性の持ち主であることを確認した。かれは円熟した性格で、高邁な理念に忠実な人物である。刻々と近づいている死を前に、虚脱も恐怖の兆候も見られない。永遠の別れに、かれは強く握手をして立ち去ったが、かれの感情の深さと、自分自身を失うことのない強さを、疑う余地もない明確さでかれの目が示していた。

電気椅子に座らされたサッコとヴァンゼッティ

一九二七年八月二二日、二三時一五分、刑務所所長はヴァンゼッティの独房の前に立ち、「遺憾なことであるが、今夜、あなたたちは死なねばならないと言うことは、わたしのつらい義務であります」と述べた。ヴァンゼッティは「避けようがない刑に従わねばなりません」と答えた。サッコも、ヴァンゼッティと同様に、死の告知を聞き、イタリアの家族に宛てた一通の手紙を所長に渡した。

八月二三日、零時三分、マデイロスが電気椅子のある部屋に入った。かれの処刑が終わると、サッコが続いて電気椅子の部屋に入った。かれは「さらば、仲間よ、子どもたちよ、すべての友達よ」と述べた後、「さようなら、みなさん、さようなら、お母さん、アナーキズム万歳」と述べた。

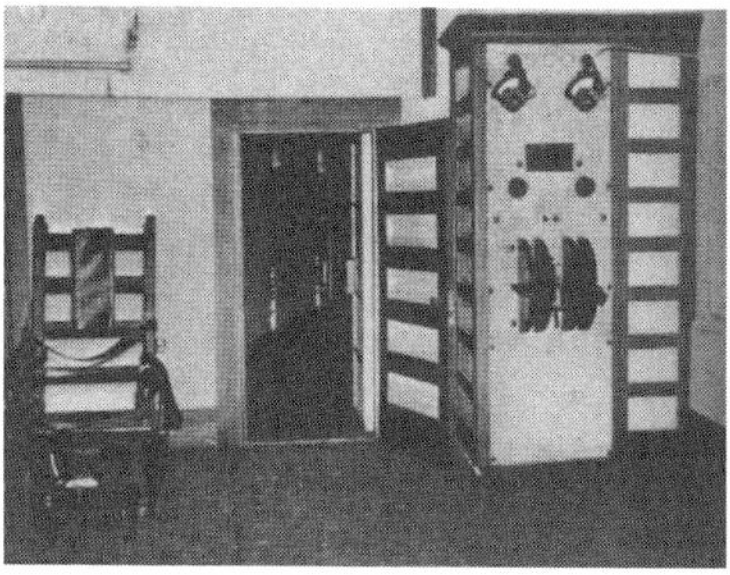

図版17　二人が処刑された電気椅子

最後がヴァンゼッティであった。かれは「わたしはあらゆる罪で無実であり、この事件だけでなく、すべての犯罪で無実であることを申し上げたい」と述べ、続けて「みなさん、あなたたちがわたしにおこなったすべての悪を許します。わたしは無実です。誰一人殺していません。さらば、みなさん」と最後の言葉を残した。

ヴァンゼッティは、尊厳を失うことなく、誰も憎むことなく、電気椅子に座った。そして死刑は執行された。マデイロス、サッコ、ヴァンゼッティの三人の処刑は二六分かかった。すべてが終わった。不当な、不正の処刑は終わった。一九二七年四月九日の最終陳述でヴァンゼッティが残した言葉を、ここでもう一度記しておこう。

わたしはアナーキストであるがゆえに死刑の判決を受けた。事実、わたしはアナーキストです。わたしはイタリア人であるがゆえに死刑判決を受けた。そうです、わたしはイタリア人です。

サッコとヴァンゼッティは、思想的偏見と民族的憎悪のなかで、不条理な死刑判決を科されて、死んでいった。死の数時間前に、ヴァンゼッティは次の言葉を残している。

苦悩のこの最後の時にあたって、何よりもわたしが望むのは、われわれの事件、われわれの運命が、その真の姿で理解され、自由のために戦う戦力にとって大きな教訓となることです——かくしてわれわれの苦しみと死とが虚しくならないように。

Ⅵ 死刑執行後の動向

図版18　二人の葬儀の列

二人の葬儀

ボストンのイタリア人移民の居住地域にある葬儀会社のホールに、救援委員会の手でサッコとヴァンゼッティの遺体が入った二つの棺は安置された。その上には、月桂樹でつくられた冠がおかれたが、「暗殺者のマサチューセッツ州」、「復讐の時は来る！」と書かれた帯は警察が直ちに取り払った。イタリア人、アメリカ人などの弔問の人が引きも切らずに訪れた。すべての会葬者に、「覚えていてください！　一九二七年八月二三日に正義が十字架にかけられた」と記された黒枠のカードが渡された。

八月二八日の日曜日、小雨の降るなかを、二人の棺を乗せた葬儀車が、一四時三〇分、フォーレスト・ヒルズの火葬場に向けて動き始めた。その後に、ロジーナ、ダンテ、ルイジーナが乗った車、救援委員会のメンバーが乗った車が続いた。暴動を恐れて多くの警察官が厳重な警備をおこなっていたボストンの街は、静まり返っていた。五〇〇人の警察官と七〇人の騎馬警察が、火葬場のあるフォーレスト・ヒルズまでの沿道を警備した。一〇キロ近い沿道には、多くの人が、二人に別れをするために集まった。

火葬場で荼毘に付された二人の遺骨は、それぞれ銅の壺に入れられた。プリマスのイタリア人の家に滞在したルイジーナが、亡くなっても二人は別れることなく結ばれているとして、サッコとヴァンゼッティの遺骨を混ぜ合わせて、一つの壺に入れた。ルイジーナは、九月二八日にニューヨークを発ち、一〇月一〇日にフランスのシェルブールに着くと、その四日後にヴァンゼッティの生まれ故郷のヴィッラファレットに着いた。

故郷に戻った二人の遺骨

一九二七年一〇月一四日の朝、ヴィッラファレット駅に黒い煙を上げながら汽車が着いた。警察、軍服姿の中尉、四人の私服の民兵に続いて、最後に一つの骨壺を抱えた喪服姿のルイジーナが汽車を降りてきた。迎えたのはクーネオ県の警察署長であった。

駅の小さな個室に運ばれた骨壺から出された遺骨は二つに分けられた。花束に覆われたヴァンゼッティの骨壺は、父親、親戚、友人と続く長い葬列とともに、村の共同墓地に運ばれ、母親の墓のそばに埋葬された。

その日の午後、もう一つの骨壺は、ボローニャを通って、一九二七年一〇月一五日朝、サッコの生まれ故郷の南イタリアのフォッジァのサン・セヴェーロ駅に着いた。多くの人々がサッコの無言の帰郷を待っていた。兄サビーノは、警察の警備のなかを、胸にサッコの骨壺を抱えて、トッレマッジョーレの墓地に運んだ。甥のミケーレ・サッコは、サッコの遺骨が到着したときのことを次のように記している。

叔父サッコの遺骨がトッレマッジョーレに着く日、たくさんの警察が乗った二台のトラックが到着した。フォッジァ警察からサン・セヴェーロ駅に来るように指示のあったサビーノを除いて、家族の誰も墓地に行くことは認められなかった。サッコ家は古くから民主主義者の家系で、ファシズム体制はかれらを認めなかったからである。しかし、ファシズム体制下にあっても、五月一日のメーデーには、誰かがサッコの墓に赤い花を手向けていた。

一人はピエモンテのヴィッラファレット、もう一人はプーリアのトッレマッジョーレと引き離されたが、骨壺では二人の遺骨が混ざり合って、永遠に結びついていた。

その時、ムッソリーニは

イタリア政府は、同胞であるサッコとヴァンゼッティの冤罪である死刑判決に抗議し、二人を保護する義務があったが、ムッソリーニはそれを果たさなかった。ボストンのイタリア領事アゴスティーノ・フェッランテは本国に帰国する前、弁護士トンプソンに「事件はイタリア人への憎悪によるものと確信している」（一九二六年七月一一日のルイジーナへの手紙）と語ったという。イタリア外務省は、一九二六年六月、世界的な嘆願運動の広がりもあり、ローマ駐在のアメリカ大使に次のような書簡を送っていた。

この嘆願を政治的表明、貴殿が代表する国民の尊厳にたいする冒瀆と見なさないでいただきたい。そうではなくて、貴殿が代表される国の政府に、正当な行為の要求を伝達いただくことをお願いするものであります。〔中略〕というのも、二人が有罪と見なされるものに、間違ったとは言いませんが、きわめて不確かな、明らかに疑いのあることが明らかになった証言をもとに、有罪とされた最初の裁判の再審をお認め頂きたいからであります。

一九二七年七月、ムッソリーニは、ローマ駐在のアメリカ大使を通じて、政府の長としてではなく「真の友人」の名において、世界中で拡大した救援運動への対応として、マサチューセッツ州知事に、二人のアナーキストの刑罰の変更、すなわち死刑から終身刑への変更を申し出ている。ムッソリーニは、サッコとヴァンゼッティはアナーキストであり、反ファシズムであり、かれらを積極的に守ろうとしなかった。そのことを、トリーノの『ガゼッタ・デル・ポーポロ』

紙の一九二七年八月四日号の記事は、「サッコとヴァンゼッティの二人は十中八九、無罪であったが、体制の敵」であったと記している。

ムッソリーニ独裁体制下のイタリアでは、救命運動の声をあげることもできない状況にあった。ムッソリーニ、ファシズムを批判したものは、国外に亡命するか、流刑が科されていた。フランスやアメリカへ亡命した反ファシズムの社会主義者、政治家、知識人たちの数は、一九二六年一一月から翌二七年初頭にかけてピークに達していた。国内に残った反ファシストは厳しく弾圧され、投獄や強制居留指定となっていた。シチリア島のパレルモから北西六八キロのところにある孤島ウスティカは古くから流刑の島であった。イタリア共産党の創設者の一人であるアントーニオ・グラムシは一九二六年からその島の刑務所にいた。そのウスティカに流刑となっていたものが、サッコとヴァンゼッティの処刑のニュースを知り、抗議の声をあげたと言われる。

アメリカ人の研究者フィリップ・V・カニストゥラーロは、ムッソリーニには、アナーキストのサッコとヴァンゼッティに個人的な同情を越えた共感があったと指摘している。たしかに、無政府主義的社会主義者であったムッソリーニの父親は、メキシコの革命家ベニート・ファレスからベニートを、イタリア人無政府主義的社会主義者のアミルカレ・チプリアーニからアミルカレを、ロマーニャ出身の無政府主義者である社会主義者アンドレーア・コスタからアンドレーアをとって、息子にベニート・アミルカレ・アンドレーア・ムッソリーニと命名した。ただ、社会主義者、アナーキストなどの反ファシストを弾圧していたムッソリーニが、死刑判決を受けた二人のアナーキストの助命に動くことはあり得なかった。

くわえて、アメリカはムッソリーニが政権を掌握した時期にファシズムに好意的であったが、それはファシズムを共産主義の対抗勢力と見なしていたからである。ムッソリーニも、アメリカから新たに借款を得るために、アメリカと敵対しようとしなかった。

世界の抗議集会

死刑執行以前に、ルーマニアのブカレストでは、アメリカ大使館に、サッコの身代わりに自分の生命を提供すると申し出たものがいた。フランスのリール市では、共産党系の労働者がアメリカ領事館を取り巻いて示威運動をおこない、リール市長はアメリカ大統領クーリッジにサッコとヴァンゼッティにたいする寛大な処置を要求した。アルゼンチン、ウルグアイ、メキシコ、ブエノスアイレスでもストライキがおこなわれた。

ブラジルのサンパウロで発行されていた、日本人移民向けの日本語新聞『日伯新聞』の一九二七年八月一二日号一面の「権力を濫用して思想を抑壓するな」と題する記事に次のように記されている。ブラジルの下院を通過し、「上院で通過の形勢にある」、「所謂過激思想を取締らんとする治安維持法」にたいする「全國的反對輿論」と並んで、「今や全世界の無産階級をして興奮の極度に達しめたサッコ及びヴァンゼッチ事件」は、「その狂暴さに於いて治安維持法である」。二年前にアメリカでは、ダーヴィンの進化論を危険思想として、「諸学校に於ける講義を禁止し進化論に関する一切の文献の焼却を命令して世界の物笑い」となったが、「又今度マサチユセッツ州に於いて単に無政府主義者である為に牽強附會して罪を負はしめ尚且つ之れに死刑の判決を下し今や世界全無産階級の忿懣を買いつゝあるが此れらの事件は彼等支配階級の時代思想に對する狼狽と不安なる心理状態を如実に表示したものではないか」。二面では、「世界の忿激を買ったサッコ、ヴァンゼッチ大疑獄事件」に、世界は「軍縮會議以上に熱心と注目とを注いでいる」と記している。

二人の死刑執行のニュースは瞬く間に世界中に伝わり、それに抗議する運動が一気に広まり、抗議の波は義憤の炎となって、アメリカ、そして世界へと空前の広がりを見せた。ニューヨーク、フィラデルフィア、バルチモアなどでは爆弾騒動が発生した。ロンドンのトラファルガー広場やハイドパークには抗議の人々が集まった。ベルリン、ウィーン、ストックホルム、リスボンなどのアメリカ大使館、領事館には抗議のデモが押し寄せた。

日本における抗議運動

日本では、「サッコ・ヴァンゼッティ事件」の一六年前の一九一一年一月、明治天皇の暗殺を計画したという理由で、幸徳秋水、菅野スガなど社会主義者、アナーキスト一二名が死刑となった大逆事件が起こった。日本のアナーキストには、その事件の記憶が消えていなかった。石川三四郎らをはじめとする関東黒色青年連盟などアナーキスト組織を中心に、一九二七年八月一一日にサッコとヴァンゼッティ死刑判決に抗議して「國際彈壓防衛委員會」が結成され、八月二一日、「サッコとヴァンゼッチを救え」という演説会が築地小劇場で開催された。その際に出回ったビラには次のような要求が記されていた。

サッコヴァンゼッチの解放を要求する
一切の米國製品をボイコットせよ
米國宣教師を追放せよ
抗議書を各自米國大使館に送れ
八月二一日午後七時築地小劇場の釋放要求大演説に押しかけろ

築地小劇場で開催された「サッコとヴァンゼッチを救え」という演説会の模様を『讀賣新聞』市内版昭和二（一九二七）年八月二二日号の二面で次のように伝えている。

「サッコとヴァンゼッチを救え」と云う演説會は二十一日午後七時から築地小劇場に於いて開かれた、あつまるもの黒色聯盟、關東自由聯盟、東京印刷工組合員を始めとして四百餘名さしもの会場も忽ち満員となる。築地署の宮澤署長が指揮者となって百餘名の制私服の警官が水も漏らさず會場の内外を警戒してゐたがこれより先宮澤署長は一同を本署の二階の会議室に集めて「私は初めから解散したいのだがそれはうるさいから途中でどしどし検束しようと思う、諸君もその心積もりで確りやり給え」と云う意味の訓示を與へたのでどしどし検束して本署に留置した。殊に九時四十分、閉会を宣して聴衆が場外に流れ出ると、ここでも警官と大衝突を演じ一名の警官は遂に抜劍する騒ぎを引き起こした。二十一日夜は北紺屋、日比谷、愛宕、麹町の各署は各管内を徹底警戒してゐた。當夜の検束者は二十五名に及んだ。

翌八月二二日、可決された抗議文を代表者が当時東拓ビルディング内にあったアメリカ大使館に届けに行くことになった。大使館では、日比谷署の青木高等主任の立ち合いのもとに、委員の二人だけが警視庁外事課員の通訳を介して、大使館三等書記官サスペリイに抗議文を渡し、抗議文の趣旨を本国政府に打電するように要求した。抗議文は次のようなものであった。

何故にサッコとヴァンゼッチは殺されねばならぬか。〔駐日米國大使〕閣下は充分にこの消息を知っておられるであろう。彼等は労働者なるが故に、無政府主義者なるが故に、帝國主義の擁護者たる判事セーヤーに依って死刑の宣告が下されたのである。彼等二人は嘗《かつ》て一物も盗んだことなく、また何者をも殺害したこともない。然るにも拘わらず、サッコとヴァンゼッチは依然としてその最初の判決を取消されない。〔中略〕

サッコ及びヴァンゼッチを即時釋放することは今や全世界の意志である。そして米國が正義と人道を忘れざることを立証する唯一の方法である。閣下の今日の責務は此の二人の罪なき無政府主義者を即時釈放することに傾倒せられなければならない。

我等は閣下を通じて次の三ケ條を米國政府及びマサチユセッツ州知事フーラー氏に対して直ちに打電し、全日本無産階級の要求を明らかにせられんことを希望する。

一、サッコとヴァンゼッチの両人を即時釋放すること
一、判事セーヤーを罷免してこれを尋問に附すること
一、知事フーラーは責任を負うて直ちに辞職すること

（『弾道』弾道社、東京、一九三〇年八月号、一七～二〇頁に収録）

日本の新聞の処刑報道

日本の新聞は、現地の新聞や通信社の記事をもとに、特派員がサッコとヴァンゼッティ事件の真相、二人の死刑判決、世界に拡大した抗議運動を逐一、報道している。

『東京朝日新聞』（一九二七年八月八日朝刊）の七面では「ニューヨーク市に突発した爆弾騒動無政府主義者の処刑事件からバルチモア市長邸は破壊され死傷者廿二名出づ」と報じている。『東京朝日新聞』（一九二七年八月一一日夕刊）の一面では、「死刑執行係人　突如　姿を隠す　騒ぎに恐れたか」という見出しで、「電気イスのスイッチをひねるべき電気係は今日突然姿を隠して了つた。今回の事件の騒ぎが大きくなって恐れを抱いて逃げだしたのかそれ共死刑執行が終わるまで刑務所内に隠れている積もりなのかいづれ共判明しない」という記事もある。ただ、この報道は事実に反し、誤報であった。『読売新聞』（一九二七年八月二四日朝刊）の二面には、「サッコとヴァンゼッチ　遂に死刑執行される」という見出しで、サッコとヴァンゼッティの二人のスケッチ肖像と次のような記事が掲載されている。

死刑の時が近づいた旨を餘告されると、ヴァンゼッチは監獄内を歩きながら、「我々は避け難い事実の前に頭をさげなければならぬ」と沈痛な面持を以って語った。一方サッコは監守に對しイタリーにある彼の父の許に送る書面を投函してくれと頼んだ。

同新聞で、国際的な反響として、「死刑囚の救出で壽府《ジュネーヴ》に反米暴動起こる」という見出しで、「イタリア系無政府主義者サッコ、ヴァンゼッチ両名の死刑執行處分に反対する約五千の群衆」が、ジュネーヴの「ホテル、アメリカ人経営の商店、旅行案内所及び国際聯盟本部の建物を襲ひ多大な損害を与えた」と伝えている。「暴徒の一隊」が警察署を襲い、「五名の首謀者」が捕縛されたことで、「暴れ狂った暴徒はアメリカ映画を上映していた活動写真館に特に目をつけ、アメリカ人がスター役をつとめてゐる映画をすべて押収し焼却した」とある。

『東京日日新聞』（一九二七年八月二四日夕刊）の一面は、「パリでも大警戒　市民の憤慨」という見出しで、次のように報じている。

同地におけるサッコ、ヴァンゼッチ事件に對する憤激はその極に達して居る、パリにある米國関係の建物には全部警官と軍隊の警戒が施されている、フランスのサッコ、ヴァンゼッチ擁護委員會は一宣言を發表して「九月十九日にパリで行はるゝ米國在郷軍人會の大會は佛米交歓の日であるべきはずであったが今やこの日は追悼日となるであらう、フランス國民は同日集まってくる米國の在郷軍人に微笑を與へる代わりに、サッコ、ヴァンゼッチの叫びの聲を浴びせかけるだらう」といっている。

日本政府の反応として、司法省の泉刑事局長の談話として「私は此事件は新聞で知ったので今詳しく批評する材料を持たない。米国では各州に大審院があってそこで法律の適用が間違ってゐた場合に限って聯邦大審院が再審する制度になってゐる。この事件も聯盟（聯邦の誤り）大審院で最後の判決が行われてゐる」とある。

日本の抗議集会参加者の証言

昭和三（一九二八）年九月、芝浦労働組合主催のサッコ・ヴァンゼッチ死刑への抗議演説会に参加した水沼浩は、『リベルテール』（一九七七年八月一五日九号）の「一波万波」の欄で、そのときのことを次のように書いている。

何か犯罪がおこると所謂法治国家では犯人を捕らえなければならないことになっている。そこで犯人を捕らえるために本人の自白や証拠が重大なキメ手になるのだが、それらが不備の場合、デッチ上げ（フレーム・アプ）が行われる。これは現在でも何処の国でも行われているようである。

サッコ・ヴァンゼッチ事件もそうである。昭和のはじめ全国労働組合自由連合会でもこの報を聞くや自連の決議としてアメリカ政府に対して抗議の演説会や、銀座街頭でのビラまき、またアメリカ大使館への決議文を持参するなど多彩な運動をくりひろげたが、抗議は空しく、真犯人が現れたにも拘らず二人はアメリカ社会に入れられざる分子として、つまりアナキストたるが故に電気椅子にのせられてしまった。これはアメリカ資本主義体制を維持する支配階級としての体質を示すものであろう。

ぼくも昭和三年九月芝浦労働組合主催のサッコ・ヴァンゼッチ死刑反対の抗議演説会（これは昼間行われた）に行ったが、開会直後官憲によって解散され、出口で警視庁の特高から指名されて所轄三田警察署に検束された。総勢五十名近くが引張られ、道場に押込められたが、みんな穏しく引張られて来たためか、全部その日のうちに釈放された。日本では当時抗議活動をしたのは、全国自連や黒色青年連盟ぐらいではなかろうか。それも演説会をひらけば直ちに解散させられるし、大使館に押掛ければ検束されるし、少し暴れれば刑罰をくう時代だった。

前橋に住んでいた草野心平の家を（昭和五年に）訪ねた詩人の小野十三郎は次のように書いている。

その頃一度、前橋のかれの家を訪ねたことがあったが、あいにく留守だった。〔中略〕戸締りもしていない玄関の戸を開けると、ほとんど家具らしきものもないがらんとした六畳の間に、消し忘れたらしい裸電球が一つともっていた。ふと横の壁に眼をやると、そこには雨漏りしみてにじんだ色刷りの大きなポスターが張ってあった。それは死刑の宣告を受けたサッコとヴァンゼッチという二人のアメリカのアナーキストの救援を訴えるものであった。

詩人の草野心平は一九三二（昭和七）年に、英語からの翻訳である『サッコ・ヴァンゼッチの手紙』を渓文社から出版している（『草野新平全集』第一二巻、筑摩書房、昭和五九年に収録）。

もう一人の真犯人の告白

二人の死刑執行から四六年後の一九七三年に、ニューイングランドのマフィアのボスであるヴィンセント・テレサが、回想録で、モレッリ家の一人がサウスブレイントリー強盗殺人事件の犯人であることを述べていることを紹介しておこう。ニューイングランドのマフィアのナンバースリーであったテレサは、一九七三年に出版した回想録『サイコロのなかの鉛――我がマフィア人生』のなかで、モレッツリ家兄弟の一人であるブッツィー（フランク）・モレッツリが、サッコとヴァンゼッティ事件の中心人物であると認めたと述べている。

ボストンの『グローブ』紙が、一九五一年にサッコとヴァンゼッティが死刑となったサウスブレイントリー強盗殺人事件の犯人の一人がブッツィー・モレッツリであることを発表した。ブッツィーは『グローブ』紙への告訴を、マフィアの親分であるテレサに相談に行った。そのときの二人の会話は次のようなものであった。

テレサ

お前に聞きたいのは、一体全体、なぜ（『グローブ』紙を）告訴するなんて考えているのだ？　新聞に勝つとでも考えているのではないだろうな。

ブッツィー

奴らは、おれをサッコ・ヴァンゼッティ事件に巻き込みやがって。かれらが言うのは正しいけれど、おれの息子を傷つけやがって。おれにはどうでもいいんだ。おれにはいまさら逃げる必要はねえんだ。何が問題かというと、息子にとって重要なのだ。息子は重要な地位にあり、おれの過去は何も知りゃしねえ。おれたちは、金を奪ったときに、二人を殺した。二人の田舎者、サッコとヴァンゼッティは濡れ衣をきせられた。かれらはたまたま犯人に仕立て上げられ、おれたちはそれを利用した。だが、今や時も過ぎたのに、新聞記者の馬鹿が、おれの名声を破滅させ、問題を暴こうとしているのだ！　おれは息子を守るために告訴したいのだ。

テレサ

お前、それは本当か。

ブッツィーは、わたしの目を見て、言った。

もちろんだよ。あの二人のたわけが、被害を被った。何が正義だ、それを言いたいのだ。

テレサが回想録を出版したとき、ブッツィーはもう死亡して、いなかった。テレサは、「わたしは、身近なもの数人を除いて、このことは誰にも話していない。ブッツィーは作り話を言うタイプの男ではない」と記している。

サッコとヴァンゼッティの名誉回復の運動

第二次世界大戦後、サッコとヴァンゼッティ事件は映画、舞台、小説で取り上げられ、サッコとヴァンゼッティの名誉回復の運動も起こってくる。一九四七年には、アルベルト・アインシュタイン、第三二代アメリカ大統領フランクリン・ローズベルト大統領夫人で、アメリカ国連代表を務めていたアナ・エレノア・ローズベルトなどの署名で、サッコとヴァンゼッティの名誉回復請願書が提出された。それから一〇年後の一九五七年には一般市民の他に、世界の作家や科学者、政治家によるマサチューセッツ州知事への名誉回復請願がおこなわれている。

ファシズム体制から解放されたイタリアでは、サッコの故郷トッレマッジョーレでサッコとヴァンゼッティの名前を冠した通りが設けられた。一九五七年にはヴァンゼッティの故郷ヴィッラファレットで、「バルトロメーオ・ヴァンゼッティの名誉回復支援委員会」が結成された。この委員会は、ボストンでアルディーノ・フェリカーニが結成していたサッコとヴァンゼッティの名誉回復委員会と連帯することになる。一九五九年にはトリーノのイタリア放送協会（RAI）が、サッコ・ヴァンゼッティ事件に関する番組の撮影をヴィッラファレットで開始した。アメリカで公刊されていたサッコとヴァンゼッティの書簡集もイタリア語に翻訳された。

一九六一年一月、ローマのパリオリ劇場で、三幕ものの演劇『サッコとヴァンゼッティ』がジャン・マリア・ヴォロンテなどによって上演された。これは、イタリアの諸都市だけでなく、パリのレカミエ劇場でも上演され、ラジオでも放送された。

一九六二年二月には、サッコとヴァンゼッティの名誉回復委員会の責任者マーリオ・ファヴロが、ローマを訪問したアメリカ合衆国司法長官ロバート・ケネディーに二人の名誉回復を嘆願している。しかし、それはかなえられることなく、時間は過ぎていった。

ヴァンゼッティと一緒にクリスマスイブにウナギを売ったアリバイ証言をしたベルトランド・ブリーニは、八六歳の母アルフォンジーナとともに、一九六六年八月、ヴァンゼッティの末妹で、兄の名誉回復運動に奔走していたヴィンチェンツィーナを訪れている。

五九歳になっていたブリーニは、今や遠くなった一九一九年のクリスマスイブの朝に、プリマスでヴァンゼッティとウナギを売ったことを鮮明に覚えていた。裁判で証言台に立ったときの、検事カッツマンの執拗で、攻撃的な尋問のことも記憶していた。ブリーニはヴィンチェンツィーナに、あらためてアリバイ証言をおこなっている。一九七五年には、ヴィンチェンツィーナとサッコの兄サビーノが、アメリカ大統領ジェラルド・フォードに名誉回復の嘆願書を書いている。

イタリア系アメリカ人の著名な映画プロデューサーのディノ・デ・ラウレンティスは、サッコ役をフランク・シナトラ、ヴァンゼッティ役をアンソニー・クインとして、サッコ・ヴァンゼッティ事件の映画製作を発表し、かれらが生活した場所の撮影も始めていた。しかし、それは日の目を見ることはなかった。

その理由は、諸説あるが、アメリカの「ある筋」からの圧力がかかったというものである。ハリウッドと緊密な関係にあった映画プロデューサーのデ・ラウレンティスは、サッコとヴァンゼッティの二人を有罪とした「ある筋」からの圧力に屈したということであった。

これと同じような状況がイタリアでも起こっている。一九六〇年にアメリカで放映されたレジナルド・ローズ制作のテレビドラマ『サッコとヴァンゼッティ』が、イタリア放送協会では放映されなかった。その理由は、イタリア放送協会を政治的に支配していた、アメリカ寄りのキリスト教民主党への政治的配慮が働いたことによるものであった。公式には、その理由はアメリカにたいする配慮という政治的なものではなく、技術的な問題とした。

サッコとヴァンゼッティの逮捕から電気椅子に座るまでを忠実に描いたリアリズム映画である『死刑台のメロディ』（イタリア題 Sacco e Vanzetti、イタリア・フランス合同制作）が、ジュリアーノ・モンタルド監督によって、一九七一年に制作された。ジャン・マリア・ヴォロンテがヴァンゼッティを、リカルド・クッチョラがサッコを演じている。フォーク歌手ジョーン・バエズがエンニオ・モリコーネ作曲の主題歌「ここに、あなたがいる」（Here's to you）を歌っている。その歌詞は次のようなものである。

ここにあなたがいる、ニコラとバート（バルトロメーオ・ヴァンゼッティの愛称）。
永遠に休んでください、われらの胸で。
裁きの時は、あなたのものです。
その苦しみは、あなたの勝利です。

この歌詞は、前掲のヴァンゼッティがチャールズタウン刑務所から一九二〇年一〇月一日に送った父親への次の手紙をもとに書かれたと言われる。

たとえ、十字架にかけられたキリストも有罪となろうと、わたしは人を殺していないし、傷つけても、窃盗してもいません。わたしを弁護する証人がいます。全力で戦います。人種への憎悪は政治的です。わたしの逮捕を隠さないでください。わたしは無罪です。あなたたちは恥じないでください。

一九七六年、イタリア社会党の上院議員のピエトロ・ネンニを委員長とする「サッコとヴァンゼッティの名誉回復のための国際委員会」が結成された。その委員には、イタリア共産党書記長エンリーコ・ベルリングェル、キリスト教民主党の書記長ベニーニョ・ザッカニーニ、イタリア共和党委員長ウーゴ・ラ・マルファ、フランスの政治家フランソワ・ミッテラン、ポルトガル社会党委員長で首相であったマーリオ・ソアレスなど、政治思想を越えた、ヨーロッパの著名な政治家たちが加わっていた。

一九七七年一月、国際委員会はローマのカンピドーリオの丘で、「国際委員会は、規定の訴訟に従い、ニコーラ・サッコとバルトロメーオ・ヴァンゼッティに正義を認めることを、アメリカ大統領に求める」と、アメリカ大統領ジミー・カーターに声明を発表した。

五〇年後の知事デュカーキスの声明

サッコとヴァンゼッティが電気椅子で死刑執行されてから五〇年後の一九七七年八月二三日、マサチューセッツ州知事マイケル・デュカーキスは、「あらゆる不名誉と汚辱が、ニコーラ・サッコとバルトロメーオ・ヴァンゼッティと、その家族、その子孫から永久に取り除かれる」ことを宣言した。二人が処刑された八月二三日は、二人の追悼の日となった。

それは、サッコ・ヴァンゼッティ事件には手続き的に欠陥があり、サッコとヴァンゼッティの死刑判決は誤審であったということで、かれらの無罪の表明ではなかった。奥平康弘は、大岡昇平の小説「サッコとヴァンゼッティ」の解説で、州知事デュカーキスの声明は「世上伝えられるように、「無罪」が宣告されたわけではない。そういうことが手続き的にできるはずがないからである。よかれあしかれ、知事の措置は裁判論議を再燃させるのに役立ったようである」と述べている。

マサチューセッツ州は一九八四年に死刑を廃止した。二〇二一年七月には、全米で二三番に、南部の州では初めて、ヴァージニア州のラルフ・ノーサム知事が、冤罪の可能性の他に、死刑執行の対象が黒人など人種的少数派に偏っていることから、人種的格差の歴史がある「死の装置」であり、「不公平で効果がなく、非人道的だ」として、死刑制度廃止法案に署名した。

国際人権団体アムネスティ・インターナショナルの統計によれば、二〇一八年時点で正式に死刑を廃止した国は一〇六、制度は残しつつも長年執行しておらず、事実上廃止した国を加えると一四二となる。ＥＵ（欧州連合）では死刑制度廃止を加盟の条件としており、国連加盟国一九三のうち約七割が死刑を執行していない。日本は、死刑制度が存続する世界で数少ない国である。

おわりに――「わたしはレイシストではない」と言うのは簡単だ

冤罪は、ユダヤ人のドレフュスのように、民族的差別において起こった。冤罪は、大逆事件のように、思想的な弾圧によるものであった。そして、サッコ・ヴァンゼッティ事件は、イタリア人にたいする民族差別と、アナーキストにたいする思想的な弾圧による、フレームアップであった。民族差別は、決して、過去の、遠いアメリカのことではなく、わたしたちの住む社会に厳として、今も存在している。

新型コロナによるパンデミックにおいて、トランプ前大統領の「中国ウイルス」発言が影響したこともあるが、アメリカではアジアン・アメリカンにたいするヘイトクライムの件数が増大した。アメリカの歴史において、感染症の流行とともに移民への差別が歴史的に繰り返されてきた。ポリオはイタリア人が、コレラはアイルランド人が、結核はユダヤ人が、トラホームは中国人や日本人が、と移民がスケープゴートになってきた。新型コロナの感染が拡大すると、社会で渦巻く不満や怒りのはけ口が、アジアン・アメリカンに向けられた。

ニューヨーク市警は、アジアン・アメリカンが被害者となったヘイトクライム（憎悪犯罪）が、二〇二〇年は二八件、翌二一年には一二六件と増加したことを報告している。サンフランシスコでも、二〇二〇年の九件から二一年には六〇件と増加している（中井大助「永遠の外国人アジアン・アメリカン」『朝日新聞グローブ』二〇二二年三月六日）。

米連邦捜査局によれば、二〇二〇年に発生したヘイトクライムは七七五九件と、二〇〇八年以来最多とのことである。アジアン・アメリカンへの加害者は、インターネット上で黒人の犯行のイメージが広まったが、判明分では白人が黒人の約三倍を占めている。アメリカでは無抵抗な黒人への警官の暴力に端を発するブラック・ライヴズ・マター（BLM、黒人の命も大切だ）運動が広がった。アメリカには、白人による黒人へのヘイトクライムだけでなく、ヒスパニック、ネイティブ・アメリカン、アジアンにたいする差別が、二重、三重と幾層にも重層化し、実態が見えにくくなっている。

二〇二一年一一月三日付の『東京新聞』は、「米憎悪犯罪、コロナ禍で急増」、「繰り返す差別、根絶を」という見出しで、第二次世界大戦中に日系米国人一万四〇〇〇人超が隔離生活を強いられた米西部ワイオミング州の強制収容所で開催された、深刻化するヘイトクライムの根絶を訴える展示会について報じている。

その展示会には、一九四一年一二月七日（米ハワイ時間）に日本軍が真珠湾攻撃をおこなった翌日、カリフォルニア州の日系食料品店で「わたしは米国人です」と記された看板が掲げられた写真が展示されている。その横に、「(わたしは)ウイルスではありません」と、コロナ禍での暴力被害を訴えるアジア系の子どものポスターが並んでいた。強制収容所資料館の事務局長は、ヘイトクライムが「恐怖と怒りの時代によみがえるのは歴史の最も醜い側面である」と語っている。

日本では、高齢化・人口減少による労働力不足を補うために、一九九三年に技能実習制度が発足した。それは、政府が掲げる農業・漁業、製造業、建設業など技能や技術の移転を通じた国際貢献などではなく、安い外国人労働力、それも、「きつい、きたない、きけん」な三Kの仕事をさせる移民労働者の確保のため以外の何ものでもない。実習生の数は二〇二〇年末でベトナム人が最も多く約二一万人、次いで中国人が六万四〇〇〇人、インドネシア人が三万四〇〇〇人、フィリピン人が三万二〇〇〇人である。

サッコとヴァンゼッティが「自由の国」に憧れてアメリカに渡ったように、アジア諸国の技能実習生も日本に憧れ、技能を習得するために来日した。文化も習慣も異なる日本で、技能実習生は長時間労働、低賃金を強いられ、時には賃金未払や雇用者の理不尽な暴力の実体がある。それは国際社会からは「奴隷労働」と指弾されている、実習生、すなわち外国人労働者にたいする人権侵害である。

スリランカは、サンフランシスコ講和会議（一九五一年）で、その当時の国名であったセイロンの代表として出席したジュニウス・リチャード・ジャヤワルダナ大蔵大臣（のちにスリランカ第二代大統領）が「憎悪は憎悪によって止むことはなく、愛によって止む」と、日本への戦時賠償請求を放棄する演説をおこなった親日の国である。そのスリランカのウィシュマ・サンダマリさんは、日本に憧れ、日本語を学ぶために来日した。

ウィシュマ・サンダマリさんは、在留資格がなく、強制送還の対象となった外国人を「不法滞在者」として強制的に収容する名古屋出入国管理局の施設で体調を崩したが、体調不良の訴えにもかかわらず、病院での適切な治療を受けることなく、二〇二一年三月に亡くなった。それは見殺しにされたのと同じであった。名古屋出入国管理局のウィシュマ・サンダマリさんへの対応はもっぱら外国人を管理・摘発の対象とするもので、人権意識が欠落している。それは、人権を蹂躙し、人間の尊厳を否定することに他ならない。この悲劇に、「国に帰ればいい」と言う人がいる。それは外国人の排除であり、外国人に不寛容な日本の一側面である。

それは在日コリアンにたいするヘイトスピーチと同じである。川崎市や新宿の新大久保、大阪の鶴橋などでの在特会（「在日特権を許さない市民の会」）による街宣・デモ・集会で、在日コリアンにたいする聞くに堪えない、耳を覆いたくなる醜悪な、偏見や見下し、蔑視のヘイトスピーチがある。

従軍慰安婦を象徴する「平和の少女像」が展示された「表現の不自由展」にたいする妨害・威嚇行動も、そのヘイトスピーチと関連している。京都府宇治市のウトロ地区には、戦時中に飛行場建設に動員された朝鮮人労働者が住みつき、在日コリアンのコミュニティーが形成された。その歩みを紹介する歴史交流施設の開館前に、展示されるはずだった資料や看板などが放火され、焼けてしまった。『朝日新聞』社説（二〇二二年一月一〇日）で、犯行を肯定したり、被害者側を非難したりする声がネット上に飛び交う現状もきわめて深刻だ、と記している。この事件にたいして、松村淳子宇治市長は「何があっても許すべきでない」と述べ、「一番怖いのは社会の無反応だ」との声も上がった。

民族差別などを煽るヘイトスピーチの解消をめざす対策法が施行された。それは表現の自由への配慮から罰則のない理念法となったが、それでも深刻なヘイト行為が終わらない川崎市では、慎重に審議した上で刑事罰を科す条例ができた。街頭での露骨な行動は減ったものの、ネット上などでの差別的な言動は根絶にほど遠い。人種や民族の違いによる差別的な暴力である在日コリアンにたいするヘイトスピーチ、ヘイトクライムは、外国人を含めた少数者、立場の弱い人を排除しようとするものである。

一九四八年に国連で採択された「世界人権宣言」の第二条第一項は、次のようになっている。「すべて人は、人種、皮膚の色、性、言語、宗教、政治上その他の意見、国民的若しくは社会的出身、財産、門地その他の地位又はこれに類するいかなる事由による差別をも受けることなく、この宣言に掲げるすべての権利と自由とを享受することができる」

日本は、この世界人権宣言を一九四九年に採択し、毎年一二月に人権思想の普及のための「人権週間」を定めている。この人間の基本的な権利は、人類が数多くの歴史的な犠牲の上に獲得した普遍的な価値であり、日本で生活する外国人労働者にも等しく認められるものである。わたしたちは、世界の多様性を認め、共生社会の実現をめざすために、人種、国籍、性、文化の違いを超えて、障害者、非正規雇用者なども含めた、この普遍的な価値を尊重し、実践しなければならない。

翻って自分自身を考えたとき、無意識のうちに他者との間にさまざまな線を引き、区別していることに気づかされる。差別主義者ではないと自負するものには、実際は「カラー・ブラインド」（人種の違いに目をつぶる）者が多い。権力者の「ポリシー」（政策、制度、ルール）」を変えないかぎりレイシズムは解決できないと言う人は、一見すると消極的で無関心なだけの「非レイシスト」のように見えるが、じつは仮面をかぶったレイシストなのだと、イブラム・X・ケンディは『アンチレイシストであるためには』（児島修訳、辰巳出版、二〇二一年）で指摘している。その上で、人種差別をする「レイシストであることはたやすく、アンチレイシストになることは難しい。だからこそ、一歩踏み出したい」とケンディは述べている。

「わたしはレイシストではない」と言うのは簡単だ。その答えは、自ら「在日関西人」と名乗る、歌手・役者・作家の趙博さんの次の言葉であるように思う。

障がい者が生きやすい社会は健常者にとっても生きやすく、外国人が生きやすい国は日本人にとっても生きやすく、子どもたちが生きやすい環境は大人にとっても生きやすいはずです。（『東京新聞』二〇二一年六月二九日）

わたしたちに今求められているのは、「アンチレイシストであろうとすること」だけでなく、ジェンダー、セクシャリティ、学歴や経済格差、年齢や病気や身体的特徴による日常的なさまざまな差別を学び、世界のどこにいても、子どもでも大人でも、学校でも職場でも、すべての人が、それを無くす共生を実践することである。

あとがき

著した書物にはそれぞれに思い入れがある。本書の内容は、私の生き方にかかわるテーマで、書き残しておきたいものである。

わたしは一九四三年二月に東京の江古田で生まれた。その一年前から東京空襲が始まっていた。辛うじて入手した汽車の切符で、母親は父親が出征していたので男の子四人を連れて、実家のある九州の山奥に疎開した。それはプーチンの侵攻から避難するウクライナの親子の姿と重なってしまう。

二日がかりで到着した熊本駅から阿蘇の外輪山をバスで越え、熊本県・大分県との県境に近い宮崎県の小さな村に着いた。その村は、放浪の俳人、山頭火が「分け入っても、分け入っても、青い山」と詠んだとされる山中にあった。そのときから高校を卒業するまで、わたしは「青い山」のなかで成長した。

佐藤紅緑の『あゝ玉杯に花うけて』の主人公柳光一のモデルと言われた世界史の柳宏吉先生

は、学生時代に読み、感動した『ソクラテスの弁明』をわたしたちに勧められた。こんな難しいものを東京の高校生は読み、理解できるのかと、強い劣等感を味わったことを覚えている。死刑を前にしたヴァンゼッティの書簡にソクラテスの名前が出てきたこともあり、柳先生の言葉を思い出し、『ソクラテスの弁明』を再読した。

ソクラテスは、「国家が崇める神々を崇めずに別の新奇な神格を崇め」、「若者を堕落」させたとして瀆神罪で、公訴された。ソクラテスは、「わたしが正しいことを語っているか、それとも語っていないかということだけを考察することをお願いしたいのです。なぜならそれこそが裁判官に求められる徳であり、弁護する者にとってのそれは真実を語ることだからです」と述べている。ソクラテスは「無知の知」などの論理で全面的に反論したが、評決で死刑が宣告され、毒ニンジン杯を飲まされ、死んだ。

死刑を前にしたソクラテスとヴァンゼッティの言葉を対比しながら、心に強く残ったソクラテスの言葉を挙げておこう。

死刑判決を受けて、「死を恐れるあまり正義に反して人の言うなりになることなど決してない」というソクラテスの言葉は、ヴァンゼッティと共通している。ソクラテスにとって、裁判官に懇願、哀訴して死刑を逃れることは恥ずかしい、見苦しいことであった。裁判官に教え、説得することの方が正しいことであり、私情で正義にかかわることを曲げてはならないと考えたのであろう。

ヴァンゼッティは、ソクラテスの言葉——「より良く生きる道を探し続けることが、最高の人生を生きることだ」、「最も立派でしかも簡単なのは、自分ができるだけ優れたものとなるように自分自身を磨くこと」——を実践した。

ソクラテスの最期の言葉——「(法廷を)出ていかねばならない時間です。このわたしは死ぬために、みなさんは生き続けるために。しかし、われわれのどちらのほうがより善いもののほうへ向かっているのかは、神以外の誰にも明らかではないのです」——は、電気椅子に座る前のヴァンゼッティの心境とも一致しているように思える。

『ソクラテスの弁明』を勧められた柳先生に、六六年近く月日が流れた今、これが教育というものだと深く感謝している。

本書を、筆者が二〇年近く勤務した東京経済大学でのゼミを履修した二人の若者に贈りたい。一人は、アメリカのミシガンで生活している川端亮介君です。かれは、東京経済大学における最初のゼミ生で、メキシコの社会・経済の発展に関心をもち、上智大学大学院に進み、メキシコ政府給費生としてメキシコ大学院大学El Colegio de Mexicoで学んだ。その後、かれは、サッコとヴァンゼッティが徴兵を忌避して住んだモンテレイの大学で教えていたときに、その地出身のメキシコ人のベティと知り合い、結婚した。かれらは、アメリカ社会でアジア人、ヒスパニックにたいする差別を経験しているであろうが、それにめげることなく、アメリカの企業などで逞しく働き、キャリアを重ね、ケン君とソフィアちゃんの二人の子どもを育てている。

もう一人は、ドイツのハンブルクで活躍している豊島淳一君です。かれは、東京経済大学の「二一世紀教養プログラム」(現在は廃止)の第一期生である。年齢は祖父と孫のような開きがあるが、かれとは出会いから始まっていくつものドラマが生まれた。かれは、「自分探し」のために飛び込んだカンボジア・プノンペンのゴミ山で、デング熱に罹りながらも、「自分」を見出した。それからのかれの成長は、まさに筍のように、毎日、目を見張るものであった。プーチンのウクライナ侵攻が始まったとき、かれは日本企業の駐在員として、妻ガリーナと息子レオ君とモスクワに滞在していた。それこそ着の身着のままで、家族と帰国したかれは、現在、ドイツのハンブルクで国際的ビジネスマンとして働いている。かれがこれまで学んだ外国語は英語の他に、カンボジア語、タイ語、ロシア語で、そして今ドイツ語に挑戦している。

「タフでなければ生きられない、優しくなければ愛されない」を実践し、多様化し、流動化する世界で逞しく人生を切り開いている川端君、豊島君は、わたしの誇りです。

コロナ禍のなかで、特別のご配慮をいただいた東京経済大学図書館の久世泰子さんにお礼を申し上げます。

いつものように、原稿のチェックなどをお願いした姪の藤澤祥子さんに感謝申し上げます。

二〇二三年二月一六日

藤澤房俊

参考文献

〈基本史料〉

The Sacco-Vanzetti Case: Transcript of the Record of the Trial of Nicola Sacco and Bartolomeo Vanzetti in the Courts of Massachusetts and Subsequent Proceedings, Volumes 1-5 and Supplemental Volume, Mamaroneck, New York, Paul P. Appel, 1969.

The Letters of Sacco and Vanzetti, edited by Marion Denman Frankfurter and Gardner Jackson, New York, Viking Press, 1928.

Donna R. Gabaccia, *Italy's Many Diasporas*, London, UCL Press, 2000.

Bartolomeo Vanzetti, *Una Vita proletaria. L'autobiografia, le lettere dal carcere e le ultime parole ai giudici*, a cura di G. Galzerano, Salerno, Galzerano, 1987.

Bartolomeo Vanzetti, *Autobiografia e lettere inedite*, a cura di Alberto Gedda, Firenze, Vallecchi, 1977.

Bartolomeo Vanzetti, *Non piangete la mia morte, Lettere ai familiari*, a cura di Cesare Pillon e Vincenzina Vanzetti, Roma, Riuniti, 1962.

〈邦文〉

アプトン・シンクレア『ボストン』上・下巻、長野兼一郎・前田河広一郎訳、改造社、一九二九〜三〇年。

イブラム・X・ケンディ『アンチレイシストであるためには』児島修訳、辰巳出版、二〇二一年。

鵜飼信成『憲法と裁判官――自由の証人たち』岩波新書、一九六〇年。

大岡昇平「サッコとヴァンゼッティ」『大岡昇平集』六巻、岩波書店、一九八三年。

小此木真三郎『フレームアップ――アメリカをゆるがした四大事件』岩波新書、一九八三年。

北村暁夫「ニューオーリンズのシチリア移民」『史学雑誌』一一〇巻八号、二〇〇一年。

樹村みのり『あざみの花』潮出版社、一九八二年。

草野心平「サッコ・ヴァンゼッチの手紙」『草野新平全集』第一一巻、筑摩書房、一九八四年。

近藤光雄「巴金のアナーキズム思想とサッコ・ヴァンゼッティ事件への関心」『マテシス・ウニウェルサリス』第二〇巻、二〇一八年一〇月。

高橋進『ムッソリーニ――帝国を夢みた政治家』山川出版社、二〇二〇年。

戸田三三冬「マラテスタ研究をめぐる史料状況 素描（一八七一～一八九一）」文教大学国際学部紀要、第一五巻一号、二〇〇四年七月。

戸田三三冬「一八七一年ナポリ青年群像――エッリーコ・マラテスタ序章」『日伊文化研究』第二〇号、一九八二年。

ハーバート・J・ガンズ『都市の村人たち――イタリア系アメリカ人の階級文化と都市再開発』松本康訳、ハーベスト社、二〇〇六年。

ハワード・ファスト『死刑台のメロディ――サッコとヴァンゼッティの受難』藤川健夫訳、角川書店、一九七二年。

フィル・ストング「サッコ・ヴァンゼッティの最期」木下秀夫訳、中野好夫・吉川幸次郎・桑原武夫共編『世界ノンフィクション全集15』筑摩書房、一九六一年。

フィル・ストング「サッコ・ヴァンゼッティの最後」木下秀夫訳、I・レイトン編『アスピリン・エイジI』岩波現代叢書、一九五一年。

藤澤房俊「近代イタリアの国民形成と徴兵制度」、佐々木陽子編『兵役拒否』青弓社、二〇〇四年。

プラトン『ソクラテスの弁明・クリトン』三嶋輝夫・田中享英訳、講談社学術文庫、一九九八年。

松本悠子「サッコとヴァンゼッティ裁判をめぐって」、今津晃・横山良・紀平英作編『市民的自由の探求——両大戦間のアメリカ』世界思想社、一九八五年。

守川正道『サッコ、ヴァンゼッティ事件——アメリカ民主主義の本質』三一書房、一九七七年。

横山隆作「一九世紀末イタリアのアナーキズム」『淑徳大学社会学部研究紀要』第三一号、一九九七年。

『歴程』追悼・草野心平、三六九号、一九九〇年二月。


〈欧文〉

Giovanni Adducci, *Sacco e Vanzetti. Una storia infinita*, Roma, Edizioni Associate, 2005.
Giovanni Adducci, *Sacco e Vanzetti. Colpevoli o innocenti?*, Roma, Serarcangeli Editore, 2002.
Paul Avrich, *Sacco and Vanzetti. The Anarchist Background*, New Jersey, PUP, 1990.
Daniel H. Borus, *These United States: Portraits of America from the 1920s*, New York, CUP, 1992.
Philip V. Cannistraro/Lorenzo Tibaldo, *Mussolini e il caso Sacco-Vanzetti*, Torino, Claudiana, 2017.

Antonio Donno/Anna Rita Guerrieri/Giuliana Iurlano, *La sovranità dell'individuo, Tre saggi sull'anarchismo negli Stati Uniti*, Manduria, Piero Lacaita editore, 1987.

Howard Fast, *Sacco e Vanzetti*, Roma, Edizioni di Cultura Sociale, 1953. (*The passion of Sacco and Vanzetti*, New York, 1953)

John Dos Passos, *Davanti alla sedia elettrica. Come Sacco e Vanzetti furono americanizzati*, Santa Maria Capua Vetere, Edizioni Spartaco, 2005. (*Facing the Chair: Story of the Americanization of Two Foreign Born Workmen*, 1927)

Maldwyn Allen Jones, *American Immigration*, Chicago, UCP, 1992.

Louis Joughin and Edmund M. Morgan, *The Legacy of Sacco and Vanzetti*, New Jersey, PUP, 1978(1948).

Erich Mühsam, *Ragion di Stato. Una testimonianza per Sacco e Vanzetti (Staatsräson Ein Denkmal für Sacco und Vanzetti)*, Roma, Salerno Editrice, 1975.

Michele Santeramo, *Sacco e Vanzetti loro malgrado*, Roma, Editoria & Spettacolo, 2006.

Carla Stampa (a cura di), *I documenti terribili. Sacco e Vanzetti*, Milano, Mondadori, 1974.

Lorenzo Tibaldo, *Sotto un cielo stellato. Vita e morte di Nicola Sacco e Bartolomeo Vanzetti,* Torino, Claudiana, 2012.

Lorenzo Tibaldo (a cura di), *Nicola Sacco e Bartolomeo Vanzetti, Lettere e scritti dal carcere,* Torino, Claudiana, 2012.

Sacco e Vanzetti, Un film TV di Fabrizio Costa, Cesena, Il Ponte Vecchio, 2005.

図版出典

I documenti terribili. Sacco e Vanzetti, a cura di Carla Stampa, Milano, Mondadori, 1974.（図版4, 6, 7, 9, 11, 12, 13, 14, 15, 16, 17）

Bartolomeo Vanzetti. Autobiografia e lettere inedite, a cura di Alberto Gedda, Firenze, Vallecchi, 1977.（図版1, 3, 8, 18）

[著者略歴]
藤澤房俊（ふじさわ ふさとし）
1943年東京に生まれる。早稲田大学大学院博士課程修了。
文学博士。東京経済大学名誉教授。

著書　『赤シャツの英雄ガリバルディ——伝説から神話への変容』
（洋泉社、1987年、マルコ・ポーロ賞）
『シチリア・マフィアの世界』
（中公新書、1988年／現在講談社学術文庫、2009年）
『匪賊の反乱』（太陽出版、1992年）
『「クオーレ」の時代——近代イタリアの国家と子供』
（筑摩書房、1993年／ちくま学芸文庫、1998年）
『大理石の祖国——近代イタリアの国民形成』
（筑摩書房、1997年）
『第三のローマ——イタリア統一からファシズムまで』
（新書館、2001年）
『ピノッキオとは誰でしょうか』（太陽出版、2003年）
『マッツィーニの思想と行動』（太陽出版、2011年）
『「イタリア」誕生の物語』（講談社選書メチエ、2012年）
『ムッソリーニの子どもたち——近現代イタリアの少国民形成』
（ミネルヴァ書房、2016年）
『ガリバルディ——イタリア建国の英雄』
（中公新書、2016年）
『地中海の十字路＝シチリアの歴史』
（講談社選書メチエ、2019年）
『カヴール——イタリアを創った稀代の政治家』
（太陽出版、2021年）
『フリードリヒ2世——シチリア王にして神聖ローマ皇帝』
（平凡社、2022年）

訳書　スティーブン・ランシマン『シチリアの晩禱——13世紀後半の地中海世界の歴史』（榊原勝共訳、太陽出版、2002年）

「わたしの死を泣かないでください」
サッコ・ヴァンゼッティ冤罪事件

2023年6月18日　第1刷

〔著者〕
藤澤房俊
〔発行者〕
籠宮啓輔
〔発行所〕
太陽出版
〒113-0033　東京都文京区本郷3-43-8-101
TEL 03(3814)0471　FAX 03(3814)2366
http://www.taiyoshuppan.net/
E-mail info@taiyoshuppan.net

装幀・DTP＝KMファクトリー
〔印刷〕株式会社 シナノ パブリッシング プレス
〔製本〕井上製本
ISBN978-4-86723-132-6